MÚSICA MUNDANA

JOHN NESCHLING

MÚSICA MUNDANA

Rocco

Copyright © 2009 by John Neschling

Direitos desta edição reservados à
EDITORA ROCCO LTDA.
Av. Presidente Wilson, 231 – 8º andar
20030-021 – Rio de Janeiro, RJ
Tel.: (21) 3525-2000 – Fax: (21) 3525-2001
rocco@rocco.com.br
www.rocco.com.br

Printed in Brazil/Impresso no Brasil

PREPARAÇÃO DE ORIGINAIS
Fátima Fadel

PROJETO GRÁFICO
Fatima Agra

DIAGRAMAÇÃO
FA Editoração Eletrônica

CIP-BRASIL. CATALOGAÇÃO NA FONTE.
SINDICATO NACIONAL DOS EDITORES DE LIVROS, RJ.

N371m

Neschling, John, 1947-
    Música mundana / John Neschling. – Rio de Janeiro: Rocco, 2009.

    ISBN 978-85-325-2485-0

    1. Neschling, John, 1947-. 2. Regentes (Música) - Brasil. 3. Música - Século XX. I. Título.

09-4980   CDD – 781.63
                              CDU – 78.071.2

*Para Patrícia,
que me ensinou isso tudo*

Quando a música muda, tremem os muros da cidade
— Platão

ENTRE O DANÚBIO E A BEIRA-MAR

É uma alegria ler o livro de John Neschling. Não só por sua erudição, que nos ensina a compreender de maneira mais clara a música do século XX, mas por sua eros-dicção, a capacidade de apreender e descrever a vida com amor e humor. A descrição da Viena do princípio do século passado, por exemplo, é uma lição de opereta e, ao mesmo tempo, de como compreender sem ressentimento o estilo e o espírito de uma cidade da qual sua família foi exilada pelo nazismo.

Talvez haja como explicar, ao menos em parte, esse talento. Neschling aprendeu a arte da narrativa com mestres como Verdi, Puccini, Lorenzo da Ponte e Arrigo Boito. (Destes dois últimos, o leitor não especializado talvez não tenha ouvido falar, por serem libretistas, escribas a serviço da música, e não monstros musicais como os dois primeiros.) Não é surpresa, portanto, que seu livro alterne passado e futuro, analogias imprevistas e cenas pitorescas.

Graças a isso, e à sua graça e inteligência, John Neschling é um memorialista cuja leitura é fácil e prazerosa como a de um cronista.

Seu livro é uma mistura rara de sabedoria e juventude. Seria uma tentação roubar dele algumas passagens de lirismo e senso de humor para figurar aqui, no prefácio, mas é mais honesto reservar este prazer para você, caro leitor. Verdade que, de vez em quando, se instila na narrativa um desencanto, um *spleen* digno de Charles Baudelaire. É quando Neschling reconta, por exemplo, algumas experiências notáveis, anteriores à sua reinvenção da Osesp, Orquestra Sinfônica do Estado de São Paulo, e mostra que elas já nasceram fadadas ao fracasso. Nesses momentos, Neschling parece encarnar figuras como o Fausto de Goethe, em seu monólogo inicial, descrevendo a inutilidade de todas as ciências para a compreensão da vida. Ou o Próspero de *A tempestade*, de Shakespeare, que diz:

> Chegará o dia em que as torres coroadas de nuvens,
> os palácios resplandecentes, e mesmo o globo imenso
> e tudo quanto lhe pertence, vão desaparecer sem deixar
> rastro, como se dissolveu esse espetáculo. Somos dessa
> matéria de que os sonhos são feitos, e a nossa vida breve
> é circundada pelo sono.

É emocionante acompanhar o experimento de Neschling na refundação da Osesp, uma pequena orquestra que nunca esteve à altura das ambições de grandeza de São Paulo de Piratininga, agora transformada numa orquestra festejada nos quatro cantos do mundo. Foi um prodígio de equilíbrio, em que ele soube se equilibrar na corda bamba, contra a medíocre mentalidade sindical e burocrática, as vaidades dos políticos da hora e a chamada entropia, metáfora criada pela ciência para mostrar que todas as coisas tendem a se precipitar no caos. Na hora da despedida de sua orquestra, Neschling é tomado de uma melancolia digna dos violinistas de Chagall, seus prováveis antepassados de exílio físico e metafísico.

Logo adiante, no entanto, John Neschling é reconquistado pela alegria, e percebemos que sua experiência de regente e de intelectual não se deixa esgotar pelos obstáculos. E essa energia vital, que percorre o livro mesmo em seus momentos soturnos (como a transformação de Viena, centro de criação de algumas das ideias mais inovadoras do século XX, na cidade sinistra de onde Freud e tantos outros protagonistas da arte e do pensamento são forçados a partir), prenuncia que o futuro reserva para John Neschling muitas aventuras e desaventuras, que espero ter o privilégio de partilhar em forma de livro. Em suma, tomara que haja novos volumes destas memórias. Se Neschling já foi tão humorado ao relatar suas vicissitudes, imagine quando descrever as façanhas do porvir e os esplendores de sua juventude à beira-mar.

GERALDO CARNEIRO

MÚSICA MUNDANA

Boécio, filósofo romano do século V, a partir da concepção de que o universo era um imenso instrumento musical, afirmou em sua obra que havia várias espécies de música.

A primeira delas, inaudível, era a Música Mundana, comparável à música das esferas, de Pitágoras. Ela seria responsável pela ordem e coerência de nosso universo, e estaria incorporada ao movimento dos céus, organizando nosso tempo e os fenômenos ligados a ele.

Desde menino eu intuí, e mais tarde tive a consciência, de que a música era o elemento que mais me aproximava do que se poderia chamar de absoluto e divino.

Com o passar do tempo, percebi que no silêncio, portanto no inaudível, encontrava-se o verdadeiro equilíbrio, a música na sua potência não resolvida, o início e o fim de todos os pensamentos e melodias.

A música do universo, a música mundana, a ordem de todas as coisas, inaudível, esteve e está presente em todos os momentos de nossas vidas.

PROLEPSE

Há sem dúvida uma grande porção de narcisismo na escolha da profissão de maestro. Estou convencido de que qualquer um que se disponha a subir num palco, à frente de um público desconhecido, seja como ator, malabarista ou maestro, é, a princípio, impulsionado por uma enorme vontade de se exibir. O grande problema que se põe a quem tem essa necessidade é como lidamos com esse impulso: se, ao entendê-lo, o dominamos para transformá-lo em algo criativo, ou se, ao nos deixarmos dominar por ele, procuramos banhar-nos na nossa própria luz.

No primeiro caso, artistas obtiveram resultados fenomenais de profundidade e inteligência aplicada, mas, no segundo, há sempre o risco de aqueles que iluminam a si próprios não conseguirem iluminar os outros.

Creio que, guardadas as devidas proporções, as autobiografias também são resultado de uma necessidade básica de se exibir e de um desejo de sermos admirados. Os perigos, nas duas hipóteses, são semelhantes.

No meu caso, se essa minha modesta experiência de escrita for interpretada como uma biografia, eu poderia ser acusado de duplo narcisismo...

Mesmo, porém, correndo o risco de incorrer nesse pecado, gostaria de explicar ao corajoso leitor o porquê desta empreitada perigosa, ao menos no que me diz respeito: nos meus quarenta e tantos anos de trabalho como músico, regente, professor e compositor, procurei, desde cedo, descobrir a razão do fazer musical.

Como maestro, levei um tempo para entender a minha atividade como sendo uma servidão. Colocar-se inteiramente a serviço do compositor é tarefa árdua. A tentação de "colaborar", em vez de interpretar, leva quase sempre a interferências nefastas na obra de alguém que não tem a menor chance de defesa.

Procurar entender o discurso musical de outrem e não se colocar à frente desse discurso é quase impossível.

Leonard Bernstein procurou explicar e defender as suas liberdades interpretativas em Mahler dizendo que se considerava uma reencarnação do mestre. Insistia que Mahler, se tivesse tido a possibilidade de assistir a ele, teria concordado com todas as suas diatribes. Ficamos, para todos os efeitos, no terreno das suposições.

Tenho a certeza, no entanto, de que Bernstein levava inteiramente a sério suas elucubrações a respeito das composições de Mahler e de outros grandes mestres que interpretava, muitas vezes com a mesma liberdade. Eu mesmo tive a oportunidade de conviver com o maestro durante um verão, em Tanglewood, e convenci-me inteiramente de sua sinceridade e da ausência de autoglorificação.

Já outros maestros, que ensaiavam diante de um espelho e que tentavam imitar a inimitável energia saltitante de Bernstein, permaneceram na absoluta superfície, no histrionismo básico, expondo-se a um ridículo perigoso.

Como compositor nunca me levei verdadeiramente a sério. Com a chegada dos meus anos de maturidade (se é que os alcancei), entendi que um compositor de verdade não se questiona sobre a validade ou não daquilo que cria. Sua composição provém de uma necessidade imperiosa de dizer algo a seu modo. Se essa expressão terá caráter transcendental ou se será um discurso fútil e sem importância, o público, os críticos, melhor, o tempo e a história serão chamados a decidir.

Richard Strauss, na sua maravilhosa obra *Don Quixote*, nos dá uma aula a esse respeito, ao entregar a Don Quixote, representado por um violoncelo solo, uma melodia divina, profunda e expressiva. Para Sancho Pança, que na obra é representado por uma viola solista, Strauss reservou uma intervenção melódica boba e óbvia. Com isso, diferenciou o transcendental e verdadeiro do tosco e fútil. No contexto da obra, ambas as melodias têm sua importância formal, mas a consciência das diferenças de caráter é básica para a correta interpretação dessa obra-prima.

Jamais senti essa necessidade vital de compor. Escrevi muita música para teatro e para cinema, sempre por encomenda, com mais ou menos sucesso. Fui distinguido aqui e ali com prêmios e críticas positivas, porém nunca encontrei nenhuma transcendência naquilo que criei.

Possuo uma fotografia de Brahms, postado à janela de seu apartamento em Viena – um presente que recebi de Giuliano Montini quando eu era um jovem aspirante a maestro. Nessa foto, que esteve sempre em cima do meu piano, os olhos de Brahms fixos em mim parecem dizer: "Não se meta a besta, meu filho, mire-se no nosso exemplo e recolha-se à sua insignificância." Conseguiu convencer-me disso.

Como professor, sempre procurei incutir nos meus alunos e ouvintes o respeito pelo texto musical, a necessidade absoluta do domínio técnico da linguagem, a consciência da dificuldade e a necessidade imperiosa de sublimar o tal narcisismo do qual falamos, transformando-o num instrumento importante de crescimento intelectual.

E nessa longa trilha, nesses anos de trabalho incansável procurando um verdadeiro sentido para a minha profissão, buscando identificar alguma missão ou mensagem que me conduzissem até um pouco mais perto dessa transcendência, seja ela intelectual ou temporal, tive a oportunidade única de construir uma orquestra. Tive a grande chance de inseri-la no contexto social de uma cidade e de um país, e a sorte de demonstrar e estabelecer parâmetros humanos, disciplinares e musicais para um grupo de músicos especialmente talentosos. Isso fez com que eles se diferenciassem, basicamente, dos integrantes de muitas outras orquestras brasileiras. Fez ainda com que esse conjunto de profissionais se transformasse num parâmetro de qualidade no país. Essa experiência única e iluminada foi interrompida, no que me diz respeito, de forma brutal e inesperada.

Ignoro o que o futuro reserva para a Osesp, e não será neste livro que me iniciarei na atividade de pitonisa. Entretanto achei que fosse interessante documentar de alguma forma o desenvolvimento de um projeto sem paralelos na nossa história sinfônica.

Houve muitas outras iniciativas, no Rio de Janeiro, em São Paulo, na Paraíba, no Rio Grande do Sul, para citar alguns lugares, que visaram dotar o país de excelentes orquestras sinfônicas. Essas tentativas, estou certo, vieram sempre cercadas das melhores intenções e dos mais denodados esforços. Infelizmente todos esses projetos com o tempo encolheram, desvirtuaram-se e acabaram como realidades modestas.

Não desejo de forma alguma que isso se passe mais uma vez, desta vez com a Osesp.

Nesse sentido, creio que este relato possa servir de guia e incentivo, não só para que o projeto Osesp sobreviva com a qualidade alcançada em fins de 2008, como também para inspirar outras cidades, outros estados, outros governos e outros maestros a trilharem uma estrada parecida com a nossa.

Não acredito que eu possa, nem me sinto à vontade para indicar "o caminho das pedras". Mas a experiência Osesp é uma prova irrefutável de que com vontade política, disciplina, seriedade e verba indispensável, pode-se dotar o Brasil de várias grandes orquestras, de instituições musicais modelo em qualquer parte do mundo.

Estas páginas foram escritas durante um largo espaço de tempo, entre janeiro de 2002 e meados de 2009. É provável que isso confira um pouco mais de verdade às emoções que procurei transmitir ao relatar a construção do projeto, desde os seus primórdios até a minha saída.

Tive que deixar de fora deste relato muitíssimas experiências que reputo fundamentais para o sucesso da empreitada. Pouco ou nada falo de nossas turnês nacionais e internacionais. Refiro-me só de passagem aos inúmeros CDs que gravamos. Tampouco entro em detalhes sobre as temporadas de concertos, os inúmeros solistas e os regentes que abrilhantaram nossos espetáculos.

Procurei, no esforço para que este livro não se transformasse meramente numa reportagem jornalística, entremear o relato sobre a construção da Osesp com algumas reflexões e racontos sobre a minha formação como músico e regente de orquestra. Espero que essas digressões não sejam interpretadas como a erupção daquele famigerado narcisismo, mas sim como uma tentativa de adicionar algum tempero ao prato principal.

Sou profundamente agradecido a alguns amigos que se deram o trabalho de ler, comentar e corrigir este meu modesto intento literário. João Inácio Oswald Padilha chamou-me a atenção para detalhes importantes, José Guilherme Mauger e Luis Carlos Moro foram indispensáveis na revisão do texto e de seu conteúdo, Geraldo Carneiro foi o amigo generoso de sempre, que me honrou com seu texto introdutório. Sou grato ainda a meu companheiro de todas as horas, José Roberto Walker, e a Roberto Halbouti, que com seu humor habitual operacionalizou este projeto.

Sobretudo tenho que agradecer à minha mulher, Patrícia Melo, que, além de me conduzir magistralmente pelos meandros desconhecidos da escrita e me incentivar a pôr no papel esta história real, foi minha companheira inseparável e dedicada durante alguns dos momentos difíceis descritos nestas páginas. A ela este livro é dedicado.

Não consultei nenhum documento, mas confiei unicamente na minha memória. E a memória, como todos sabem, além de seletiva, por vezes nos prega peças. Peço perdão, portanto, caso alguém encontre aqui alguma imprecisão. E garanto a verdade subjacente em tudo o que quis comunicar.

O VELHO LEÃO

O maestro Eleazar de Carvalho estava muito doente, quando, em 1996, comecei a receber os primeiros telefonemas de músicos da Orquestra Sinfônica do Estado de São Paulo, a Osesp, perguntando se eu não estaria interessado em assumir a direção artística do grupo quando a hora chegasse.

No início dos anos 1970, Carvalho havia sido chamado para trazer de volta à vida uma orquestra que fora fundada por Souza Lima nos anos 1950, e que poucos meses após sua criação foi posta em hibernação forçada. A orquestra começou a tocar no Teatro São Pedro, que décadas mais tarde voltaria a lhe servir de sede provisória. Enquanto teve endereço fixo, a orquestra sobreviveu com uma certa dignidade. Depois que foi posta a mendigar espaços, iniciou uma longa e penosa decadência.

Minhas atividades no exterior permitiam que eu passasse só poucas semanas por ano no Brasil, o que significava um sofrimento e tanto. As sensações ligadas ao Brasil sempre foram tão fortes na minha memória afetiva que bastavam um acorde de violão, uma rajada de vento, uma visão interna do aterro do Flamengo à noite, a lembrança de um dia de sol, um contexto de luz, para que eu imediatamente me emocionasse, sem que fosse preciso passar por nenhum processo consciente. Minhas temporadas anuais no Rio, de cinco ou seis semanas, serviam como um processo biológico de regeneração para poder aguentar minha vida europeia.

Minha vida na Suíça estava muito estabilizada, eu era um privilegiado, vivia bem de regência na Europa, não dependia mais do Brasil. Além disso, minhas experiências anteriores com orquestras brasileiras tinham destruído completamente o meu sonho de poder sobreviver dignamente de música na minha terra. No entanto, quando era sondado pelos amigos sobre a possibilidade de assumir a regência da Osesp, alguma coisa no meu coração impedia sempre que eu dissesse "não" de uma forma definitiva. Vivia dando negativas tímidas e envergonhadas, embora verdadeiras.

Um amigo telefonou-me oficialmente, a pedido do então secretário da Cultura do Estado de São Paulo, Marcos Mendonça, perguntando se eu não estaria interessado em assumir a Osesp depois que o velho maestro deixasse a sua direção artística. Eu o havia conhecido anos antes, durante a minha gestão na direção artística do Teatro Municipal de São Paulo, em 1990. Quando Mendonça começou a articular a sucessão de Eleazar, meu amigo foi a pessoa que indicou meu nome e sua atuação foi fundamental para que o projeto Osesp fosse retomado. Tragicamente, poucas semanas depois desse telefonema, esse bravo companheiro sofreu um severo problema de saúde, que o incapacitou para assumir na Osesp o posto que mereceria ter preenchido.

Como sempre ocorria, minha reação ao telefonema foi tímida e negativa. Nada no Brasil havia mudado de forma a fazer-me crer que um empreendimento sério pudesse ser realizado na área da música erudita. Desacreditava completamente na possibilidade de levar a cabo um projeto de caráter internacional, de seriedade inédita no país, e não queria terminar jogando fora a carreira que, com enorme esforço, tinha construído no exterior.

A amargura atávica de não ser reconhecido no Brasil, que dividia modestamente com grandes conterrâneos, havia deixado de me incomodar rotineiramente. Eu conquistara uma certa distância da vida musical brasileira, e sentia minha independência como uma vitória conseguida a duras penas.

Assim, quando o próprio Marcos Mendonça me telefonou, dias depois, insistindo no convite, reagi quase cinicamente. Respondi que não acreditava muito em nenhum projeto estatal no Brasil, que minhas experiências pessoais só tinham me certificado dessa decisão, e que a situação da Osesp era tão catastrófica que eu não via grandes perspectivas em qualquer trabalho que me pudesse ser oferecido.

Recusei uma ida a São Paulo para conversar mais detalhadamente sobre a proposta e desliguei o telefone entristecido.

BODANZKY E SCHÖNBERG

Rudolph Grossmann foi uma figura importante no movimento anarquista austríaco. Sob o pseudônimo de Pierre Ramuz, liderou, no final do século XIX, o grupo dos anarquistas não violentos – Gewaltlose Anarchisten – dos quais um poeta engajado foi membro entusiasta. Esse poeta, Robert Bodanzky, pai de minha mãe, também sob um pseudônimo, desta feita o nome de outro revolucionário francês não tão pacifista assim, Danton, fundou com Grossmann uma editora – Erkenntniss und Befreiung (Compreensão e Libertação) – que publicou, postumamente, sua obra completa, composta de ensaios e poesias revolucionários, um único volume denominado *O empalidecer da auréola da glória* (*Wenn der Glorienschein Verbleicht*).

Robert Bodanzky morreu jovem em Berlim, em 1924. Minha mãe tinha na ocasião doze anos, e toda a família, que havia se mudado para Berlim seguindo a carreira de meu avô, voltou para Viena, de onde só sairia expulsa pelo nazismo.

Evidentemente, meu avô não conseguiu viver bem do seu engajamento na anarquia pacifista e teve que encontrar uma forma mais prosaica de sobrevivência. Minha mãe contava de seu extraordinário talento de versejador, que lhe permitia levar durante horas uma conversação totalmente em versos improvisados. Homem de grande inteligência e erudição, foi apresentado ao compositor Franz Léhar, que se transformaria no grande criador da fase de prata da opereta vienense. A fase áurea foi a de Johann Strauss que, com *O morcego*, *Uma noite em Veneza* e o *Barão cigano*, inaugurou um gênero que, durante décadas, dominaria o cenário europeu e mundial da música dita ligeira.

A opereta surgiu, a meu ver, opondo-se à extrema erudição da ópera, que no século XIX só foi realmente popular na Itália, onde compositores genuinamente ligados à música do povo compuseram obras que falavam direto ao coração das massas. As obras de Verdi, personagem folclórico de seu tempo e bandeira do movimento popular que apoiava a luta garibaldina pela unificação da Itália (V.E.R.D.I – Vittorio Emmanuele Re D'Italia), eram tão esperadas quanto o lançamento de canções de Chico Buarque, nos anos 1970 do último século no Brasil. Os hits do *Rigoletto* ou da *Cavalleria rusticana* de Mascagni viviam na boca do povo como "Carolina", um século mais tarde.

Já na Alemanha, no século XIX, a ópera se transformou num discurso extremamente sofisticado, atingindo o paroxismo com Wagner, e depois, no século XX, com Berg, Hindemith e Stravinsky. O gênero distanciou-se totalmente da classe média, ávida de prazer barato e rápido, descartável como o mundo que começava a surgir à sua volta. A opereta veio suprir essa necessidade, e não é por acaso que ela tenha sido um produto austro-germânico e não italiano. O gênero teve próceres importantes na Inglaterra, como Gilbert and Sullivan, por exemplo. E, nos anos 1920 e 1930, quando não conseguia mais incorporar na sua linguagem o aparecimento dos hits individuais, quase sempre mais simplistas, surgiu o musical. Mais tarde, Andrew Loyd Weber, com os pseudossofisticados *Evita* e *Fantasma da ópera*, quase conseguiu o fenômeno retrô de compor uma ópera popular. Essa simplificação da linguagem não é um fenômeno puramente musical. O século XX criou a "opereta" das artes dramáticas.

As novelas significam para a dramaturgia o mesmo que os musicais para a composição musical.

Voltando aos criadores de operetas, Robert Bodanzky foi apresentado a Franz Léhar, e rapidamente os dois se transformaram numa espécie de dupla João Bosco e Aldir Blanc do início do século XX na Áustria. Criaram obras como o *Conde de Luxemburgo*, *Eva*, *Paganini*, e outros títulos que arrebatavam multidões e encaixavam milhões de xelins. Meu avô ficou rico. Trabalhou como libretista de inúmeros outros compositores, como Emerich Kalman, Oscar Strauss, Robert Stolz. Foi autor de inúmeras canções de sucesso, que mais tarde meu pai cantarolaria em meu ouvido com a voz embargada.

Quando fui conhecer Viena, da primeira vez em que meus pais voltaram à Áustria depois de vinte e um anos no Brasil, conheci as casas em que minha mãe cresceu, construídas por minha avó com o dinheiro dos direitos autorais das operetas que continuavam a tocar em algum lugar do globo. Durante muitos anos, a quantia que caía mensalmente na conta dos herdeiros de Robert Bodanzky era considerável, e depois da guerra deve ter ajudado meus pais a se manterem com um mínimo de dignidade no Brasil.

Minha avó casou-se com Bodanzky em segundas núpcias, o que no início do século XX não era comum. Divorciada de um senhor chamado Orthof, com quem teve dois filhos, deu à luz mais dois, do seu casamento com Robert. Quando enviuvou, manteve um *salon* em Viena, no qual circulavam figuras proeminentes dos anos 1920 e 1930. Sei que Arthur Schnitzler, Peter Altenberg, Karl Kraus, Franz Léhar, Alban Berg, Gustav Klimt, Egon Friedell entravam e saíam nos saraus da casa da família, e que minha mãe e seus irmãos contemplavam com adoração a cultura do umbigo do mundo ao seu redor.

Robert Bodanzky teve um irmão, Arthur, que ainda jovem assumiu o cargo de Generalmusikdirektor em Ulm, na Alemanha. Estava desenvolvendo sua carreira de maestro de ópera na Europa, quando o nazismo o obrigou a emigrar para os Estados Unidos. Ali foi chamado por Rudolf Bing, o legendário diretor do Metropolitan Opera House, para assumir a direção musical do repertório germânico, sobretudo Wagner e Richard Strauss, naquele teatro. O paradoxo de se ter regentes judeus como os melhores intérpretes das obras de Wagner é histórico: Hermann Levy foi, mesmo aos olhos de Wagner, um antissemita empedernido, o seu regente favorito, e James Levine e Daniel Baremboim, para citar exemplos atuais, têm sido chamados para dirigir a Tetralogia em Bayreuth, templo do wagnerianismo e do ranço estético nacional-socialista. Arthur Bodanzky aceitou a proposta de Rudolf Bing e hoje o seu busto adorna o *foyer* do novo Metropolitan Opera House no Lincoln Center. Ida-Hartungen Bodanzky, a outra irmã de Robert Bodanzky, era pianista, e aparentemente fez uma carreira considerável nos EUA.

Minha avó por seu lado, Malvine Bodanzky, nascida Godschmied, pertencia igualmente a uma família de grande tradição artística. A irmã de sua mãe deu à luz um dos grandes gênios da música ocidental: Arnold Schönberg. Primo-irmão de minha avó, Schönberg apaixonou-se perdidamente por ela aos dezessete anos. Tenho o privilégio de possuir cartas arrebatadas que o jovem músico escreveu à sua amada, contando que compôs valsas em sua homenagem, assinando i.l.d, que significam *Ich liebe dich*, eu te amo, em alemão. Creio que são os documentos escritos mais antigos que existem de Schönberg. Cedi-os, pela primeira vez, para reprodução, a Karl-Heinz Stuckenschmied, falecido biógrafo de Arnold Schönberg.

Da família de minha avó, conheci ainda seu primo Hans Nachod, tenor que, segundo nos contou, cantou em Praga na primeira audição mundial dos *Gurrelieder*, grande obra da fase inicial de Schönberg. Encontramo-nos em Londres, em dezembro de 1959. Ele vivia num lar de idosos e lembro-me só de sua careca que hoje em dia reconheço como schonbergiana. Meus tios Geraldo e Herbert Orthof, que viveram grande parte de suas vidas no Brasil, ostentavam a mesma careca.

Ainda bem que puxei mais pelos Neschling.

OS NESCHLING

Meus pais deixaram Viena em agosto de 1938, seis meses depois da anexação da Áustria ao grande Reich alemão. Naquele momento, os EUA impunham muitas limitações para os emigrantes judeus. Mas não foi só isso que fez com que meus pais escolhessem o Brasil. Dois irmãos da minha mãe já haviam emigrado para o Brasil muito antes do advento do nazismo. Portanto, depois de um curto *intermezzo* na Suíça, os Neschling embarcaram no *Andrea Doria* de Gênova para o Rio de Janeiro. Aportaram na Praça Mauá, sem um tostão no bolso, sentindo-se mais austríacos do que nunca.

Se "minha pátria é minha língua", meus pais sempre mantiveram a sua pátria bem guardada: falaram alemão entre si e comigo até o final da vida. Lembro-me deles comentando orgulhosos sobre Stefan Zweig, em Petrópolis, cozinhando os seus "Germknoedel", lendo Egon Friedell, ou assistindo aos cabaretistas vienenses que vinham ao Brasil pré-estrear seus espetáculos no Clube Austríaco, na esquina da praia do Leblon com o Jardim de Allah. O Clube Austríaco era um mundo à parte, onde judeus de língua alemã, austríacos, húngaros, tchecos, iugoslavos jantavam e almoçavam os seus pratos preferidos (nada *kosher*), e reconstituíam num microcosmo o império austro-húngaro, evitando as mesas dos *goyim*, nazistas, antissemitas, raça abjeta e degenerada, indignos do país a que todos pertenciam. Cabaretistas como Peter Wehle e Gerhard Bronner, entre outros, apresentavam-se lá para um grupo que, antes da guerra, era o seu público cativo em Viena, numa espécie de avant-première. Anos depois, quando estreamos a peça *Rasga coração*, de Vianinha, no Teatro Guairão de Curitiba, cidade cobaia para produções teatrais, lembrei-me de meus pais e seu grupo, judeus cultos de classe média, conversando com os cabaretistas após os espetáculos, dando-lhes o feedback necessário para a estreia do espetáculo em Viena.

Minha "chegada" ao mundo dos Neschling só ocorreria muito após a chegada de meus pais ao Brasil. Nasci no dia 13 de maio de 1947, no Hospital dos Estrangeiros em Botafogo. No seu lugar existe hoje o condomínio Morada do Sol, com vista deslumbrante para o Canecão, meca da música popular brasileira.

Às vezes, penso nesses dois locais, Hospital dos Estrangeiros e Canecão, quase como uma metáfora das minhas dicotomias genéticas e atávicas: o primeiro a chamar a atenção para a minha eterna ambiguidade no que diz respeito ao pertencimento cultural, o segundo a querer fincar minhas raízes "num país tropical abençoado por Deus e bonito por natureza".

Fui batizado de John Luciano Neschling, em homenagem a meu avô paterno Luciano, médico do exército austro-húngaro, que servia em unidades diferentes, espalhadas pelo império. Meu pai nasceu durante um desses serviços, em Opava (Tropau em alemão), antiga Tchecoeslováquia. Como boa parte dos judeus da primeira metade do século, meu pai tinha um passaporte com a mesma nacionalidade da mãe dele, polonesa. Mais tarde, esse passaporte ofereceu à Áustria uma boa desculpa para negar-me a cidadania, embora fosse claríssimo que meu pai era austríaco, residente em Viena. Tenho, entretanto, o maior orgulho de não ser austríaco.

Talvez Neschling seja a alemanização de algum nome judeu que se perdeu na história. *Naschen* em austríaco significa comer guloseimas. Neschling poderia ter algo a ver com "guloso", o que não seria de todo ilógico, dada a minha propensão quase irresistível aos doces. Quando menino, no colégio, ao ser indagado pelo significado esotérico do meu nome, tão diferente dos Sousas, Silvas e Freires que me circundavam, inventei um Johnny Borboleta: *Schmetterling*, que soa parecido com Neschling, em alemão significa borboleta, e eu não suportava ter um nome que fosse uma abstração, um nome que me caracterizasse como estrangeiro num mundo de nomes latinos e concretos.

Minha primeira língua foi o alemão. Em casa, alemão era a língua corrente. Minha mãe, ao contrário de meu pai, nunca chegou a dominar o português totalmente. Seus erros e esbarros em português fizeram a alegria de muitos. Lembro dos dois cantando para mim as canções vienenses e árias de operetas que os acompanharam na sua juventude.

O pianista húngaro, Georges Feyer, que atuava nos bares dos grandes hotéis de St. Moritz, na Suíça, esteve para a música de bar no pós-guerra, assim como Luis Carlos Vinhas esteve para o Chico's Bar do Rio de Janeiro dos anos 1970 e 1980. Os velhos europeus exilados compraram aos magotes discos que se chamavam *Ecos de Paris, Roma, Viena, Berlim* etc., nos quais Feyer derramava um monte de *medleys* de gosto duvidoso, que arrancavam lágrimas dos tios e outros familiares do mesmo modo como o "Samba do avião" de Tom e Vinícius as arrancaria de mim anos mais tarde, estudante em Viena e sonhando com o vento quente na cara ao desembarcar no velho Galeão. E quando ouvíamos enlevados os *Ecos de Viena*, com a voz embargada, meu pai cantarolava as letras melosas no meu ouvido como se estivesse recitando Schiller e Goethe para um estudante de literatura.

OS MEUS DIAS ERAM CHEIOS DE MÚSICA

Na minha memória, a música era o próprio tempo, os dias eram apenas os meios para que eu ouvisse e vivesse música. Não me lembro de nenhuma fase da minha vida em que a música não estivesse no centro de meu interesse. Também não sei com que idade comecei a estudar piano e a ter contato com a linguagem musical.

Tenho vagas lembranças de atividades com instrumentos de percussão. De qualquer forma, aos seis anos, minha primeira professora de piano aconselhou minha mãe a me apresentar a alguém mais competente do que ela para continuar a minha formação musical e pianística.

Assim, fui transferido para a responsabilidade de *Fraulein* Ilse, uma solteirona alemã saída dos contos de Charles Dickens ou Wilhelm Busch, partidária absoluta da linha-dura. Meu interesse pelo instrumento foi minguando rapidamente, como se a música tivesse subitamente fugido do instrumento. O piano transformou-se numa fonte de frustração e desconforto, e eu sempre inventava dores de cabeça e ataques de asma para fugir às torturas no teclado. É até possível que eu tivesse um talento razoável para o piano, o que certamente não tive foi o privilégio de, como outros tantos meninos e meninas da minha geração, encontrar mestres adequados à minha paixão. Nelson Freire teve Nise Obino, Arnaldo Cohen foi aluno de Jacques Klein, Linda Bustani de Arnaldo Estrella, e havia ainda Antonio Guedes Barboza, Roberto Szidon, Arthur Moreira Lima, Vera Astrachan, Miguel Proença, entre tantíssimos outros. Pouco antes, Luis Eça, Jacques Klein, João Carlos Martins, Gilberto Tinetti, Fernando Lopes, Cesarina Riso, Eduardo Hazan, Helena Floresta, Gilda Oswaldo Cruz, Berenice Menegale, Eliana Cardozo tinham sido grande inspiração para um garoto deslumbrado. E pouco depois José Feghali, Diana Kakso, Cristina Ortiz, José Carlos Cocarelli continuariam com a tradição de um país que formaria, nos anos 1970, uma seleção de pianistas tão formidável como a do futebol. Dignos herdeiros de uma geração gloriosa, que teve em Guiomar Novaes, Antonieta Rudge, Thomas Teeran, Souza Lima, Magdalena Tagliaferro, Arnaldo Estrella, Heitor Alimonda, Homero de Magalhães, Iara Bernette, Ana Stella Schic e Jacques Klein figuras emblemáticas.

Que estranha realidade foi essa que transformou um país pouco desenvolvido em outras áreas da música instrumental num celeiro de grandes pianistas? Não éramos nós os únicos a criar esses instrumentistas. A escola russa de piano tem uma tradição tão ou mais importante do que qualquer outra, e a escola vienense tem uma história de pianistas excepcionais. Esses países, no entanto, assim como França, Itália e outros, têm uma tradição musical e acadêmica que justifica os grandes pianistas que surgem até hoje nos seus conservatórios e academias. O pianismo brasileiro era tão conhecido internacionalmente que o simples fato de ser brasileiro já qualificava um jovem, muitas vezes completamente desprovido de talento, a ser observado com interesse por um grande professor ou um júri internacional. Qual a explicação para o aparecimento em série de pianistas hiperdotados e brilhantemente preparados no Brasil? Grandes professores?

A influência da cultura francesa com seus "salões" na classe média brasileira? Ou a presença, desde a vinda da corte portuguesa, de pianistas como Gottschalk, que marcaram a nossa sociedade musical?

O fenômeno do pianismo brasileiro vem decaindo, resultado, sem dúvida, do desaparecimento dos conservatórios e escolas de música de qualidade e da dificuldade em se encontrar bons professores. A invasão das guitarras, das baterias e outros instrumentos sampleados certamente contribui para a massificação da imbecilidade musical. A pauperização econômica e cultural da classe média, que fazia questão de ter um piano em casa, em que alguns tocavam e poucos estudavam, teve também papel importante no desaparecimento de uma tradição de décadas. Carolina Cardoso de Menezes e Tia Amélia tocavam, nos anos 1950, obras de Ernesto Nazareth, Chiquinha Gonzaga e demais tangueiros e chorões brasileiros, nas tardes no rádio. Eu as ouvia enlevado.

Penso que até a bossa-nova, movimento de classe média, com sua plêiade de pianistas talentosos e compositores inspirados, foi resultado dessa tradição do piano em casa. De que outra forma explica-se o surgimento de Francis Hime, Ivan Lins, Sergio Mendes, Luís Tenório, Antonio Adolpho, Luis Carlos Vinhas, Edson Frederico, Leandro Braga, Hamilton e Adilson Godoy no nosso cenário musical?

Não sei se eu teria êxito como pianista, mas é certo que meu encontro com *Fraulein* Ilse, que exigia que eu tocasse escalas e exercícios sem explicar o porquê de tal esforço desagradável, foi responsável pela minha mudança de rota musical. Ao notar meu desinteresse crescente pelo instrumento, minha mãe propôs que eu deixasse o piano. "Afinal ninguém é obrigado a ser músico nesta família", ela disse. Essa afirmação provavelmente foi responsável pela minha decisão férrea de sê-lo. Pedi para mudar de professor.

Nos anos 1950, em virtude da invasão russa na Hungria, muitos refugiados daquele país vieram parar no Brasil. George Geszti, professor de piano na Academia Liszt de Budapeste, tentava desesperadamente sobreviver no Rio de Janeiro. Indicado por um conterrâneo seu, minha mãe contratou os serviços do maestro, certamente superqualificado para a função de convencer-me dos encantos da técnica pianística. Mas o cristal tinha-se rompido. Meu interesse era só a música e não mais o instrumento.

Geszti tocava bem, e eu só esperava ouvir, fascinado, um prelúdio de Chopin, um movimento de uma sonata de Beethoven, um improviso de Schubert, que me eram oferecidos de "sobremesa" ao final de um sofrimento de escalas de fá sustenido e mi bemol. O mestre tentou me subornar, prometendo que tocaria um pouco de "música" ao fim de cada aula, se eu apresentasse um rendimento técnico razoável. Mal sabia ele que quem o subornava era eu. Com um pouco mais de dedicação, apresentei arpejos sofríveis, escalas aceitáveis, apenas como pagamento pelos momentos de nirvana musical que ele me oferecia ao final de cada aula.

Nessas ocasiões, eu olhava encantado os dedos do maestro voarem sobre as teclas do meu piano armário, indigno, coitado, de tais maravilhas.

EU QUERIA SER A ORQUESTRA

Como é que a gente descobre que quer ser maestro? Inúmeras pessoas que tenho encontrado me confessaram que abrigavam o sonho recôndito de ser regente. Imagino que não tenham a menor ideia do estresse que significa subir num pódio, do estudo, e do preparo musical e psicológico necessários. Além, naturalmente, do perigo físico: o primeiro regente da história, Jean Baptiste Lully, que usava um bastão – o ancestral da batuta – para marcar o ritmo, terminou por acertar o próprio pé que, infeccionado, gangrenou e acabou por matar o pobre maestro. Hoje em dia, um ou outro maestro pouco cuidadoso enfia a batuta no olho, com consequências mais ou menos desastrosas.

Um violoncelista que não domine a técnica do instrumento não consegue fingir. Se for enfrentar uma sonata de Beethoven sem os dedos preparados, qualquer leigo se dará conta do trágico resultado. O mesmo acontece quando se trata de violinistas, pianistas ou qualquer outro instrumentista. Para reger, no entanto, muitos estão convencidos de que basta empunhar uma espada virtual à frente da orquestra e fazer um gesto de "atacar" para que oitenta músicos ponham-se a tocar ao mesmo tempo, a mesma música, se possível no mesmo ritmo e com a mesma intenção. E esse sonho não é exclusivo dos cavalheiros. Encontrei um grande número de damas que alimentam essa ilusão. Sem falar nos músicos que sonham abandonar a penosa obrigação de praticar seus instrumentos diariamente para tentar melhor sorte como maestros. Alguns foram extremamente bem-sucedidos nesses intentos, outros só fizeram confirmar a sua falta de talento. A atividade de maestro é uma das mais mitificadas da história. A ideia do poder que exala do semideus que, sem emitir som algum, comanda dezenas de artistas unicamente com um gesto ou com um olhar, sem ter nada nas mãos além de uma varinha mágica, deve ser fascinante.

A música é uma linguagem direta e abstrata que emociona sem intermediação da razão. A existência de uma linguagem musical organizada extremamente sofisticada, desenvolvida durante séculos, que possui a sua morfologia, sua sintaxe, os seus verbos, seus substantivos e adjetivos, frases e períodos, interrogações e afirmações próprios, é ignorada pela grande maioria do público que ouve a música e está convencido que a "conhece". Mesmo que uma pessoa sonhe em ser piloto de aviões, ninguém se atreveria a sentar à frente dos instrumentos de uma cabine de comando de um Boeing e sair voando por aí, até porque a tragédia imediata os impediria. Nenhum cirurgião entraria, ou deveria entrar, numa sala de operações para extrair um apêndice sem seis ou mais anos de universidade. Sempre brinquei dizendo que infelizmente a música não era como a medicina: um mau concerto não faz com que as pessoas saiam da sala com diarreia, mal medicadas por um músico irresponsável. Fosse esse o caso, nosso mundo teria menos músicos subindo aos palcos sem a preparação adequada. No final de 1999, numa brincadeira que fiz no concerto de encerramento da temporada da Osesp, ofereci a quem se apresentasse do público, de presente de Natal, a oportunidade de subir ao pódio e reger a melhor orquestra do Brasil. Para meu espanto três ou quatro voluntários se apresentaram imediatamente. Regeram furiosamente a marcha "Stars and Stripes Forever" de John Phillip Sousa. O resultado foi fantástico: a orquestra tocou perfeitamente a obra, os neomaestros foram delirantemente aplaudidos pelo público e músicos. E saíram convencidos de que haviam sido os responsáveis pelas suas brilhantes interpretações.

    Eu queria ser pianista. Mas minha falta de vontade de estudar piano durante horas por dia e meu interesse acentuado pela música como um todo, fez com que Heitor Alimonda, meu mestre querido, descobrisse em mim a vocação para a regência. Heitor notou que, apesar de minha relativa facilidade técnica, minha atenção não estava voltada para o piano solista, mas para o "segundo" piano. Enquanto seus alunos preparavam concertos para piano e orquestra, eu me interessava em tocar o piano que reduzia a parte da orquestra. Eu queria "ser" a orquestra. Além disso, eu sentia mais prazer em tocar as sinfonias de Beethoven e de Brahms, em versões para piano, do que as sonatas desses mesmos compositores escritas originalmente para o instrumento. Em casa, divertia-me ouvindo as mais diversas gravações sinfônicas, procurando distinguir os diferentes instrumentos da orquestra, admirando as cordas, os sopros, os metais e a percussão, admirando sempre as peças mais brilhantemente orquestradas.

    Heitor Alimonda um dia chamou meu pai à Pro-Arte e disse que, na sua opinião, se eu quisesse levar meus estudos musicais a sério, teria que ser enviado para uma boa escola no exterior. Aconselhou-nos a que não perdêssemos tempo, caso a minha decisão fosse mesmo a de me tornar músico. O que acabou apressando a decisão foi o final da conversa: ao ser indagado se valia a pena ou não esse investimento incerto, respondeu que não tinha a menor dúvida. E para corroborar mais ainda a sua opinião, afirmou que não poderia mais continuar me dando aulas, porque sentia que elas não faziam mais sentido. Pediu para que eu me inscrevesse na classe do professor Homero de Magalhães, que havia estudado regência em Viena. Ele poderia, na opinião de Alimonda, começar a me preparar para o exame de admissão para essa matéria.

Hoje, imagino o que deve ter significado para meu pai tal informação e as providências que se seguiram. Não éramos ricos, e o afastamento por tempo indeterminado do filho único e temporão – meu pai era quarenta e três anos mais velho que eu – foi certamente uma das decisões mais duras que teve que tomar em sua vida. Mas – e isso é algo que jamais esquecerei – não houve titubeio: ficou decidido que eu terminaria o curso clássico do Colégio Andrews e, em seguida, iria para a Europa estudar regência.

Evidentemente as aulas de piano com Homero tomaram um caminho completamente diferente das convencionais: em vez de estudos para piano, eu praticava reduções para piano de óperas – me esbaldava com a *A flauta mágica*, a *Traviata* e o *Fidelio*, lia as grades dos quartetos de Haydn, corais de Bach a quatro claves, e conversávamos horas sobre as obras sinfônicas com as quais travava conhecimento ou que ouvia em concerto. Mas isso não era suficiente.

Com Esther Scliar, tive aulas intermináveis e inesquecíveis de teoria e solfejo. Esther era uma mulher fascinante. Pequenina, magra, vigorosa, com um olhar inteligente, foi uma das figuras musicais mais impressionantes com quem me deparei na vida. Seu ouvido era absoluto e a percepção inacreditável. Treinada como uma atleta olímpica nesta matéria, Esther me obrigou a encarar a percepção musical como a base de minha prática. Não tinha o ouvido absoluto como ela, e fui obrigado a treinar o ouvido relativo com mais afinco ainda. Tinha que solfejar todas as vozes dos quartetos de Bartók. Esther foi e continuou sendo uma das grandes inspirações na minha vida musical. Não acho injusta uma comparação entre Esther Scliar no Brasil e

Nadia Boulanger na França. Sua influência foi imensa em muitos músicos da minha geração, aqueles que tiveram o privilégio de acercar-se dela antes de seu desaparecimento prematuro, que chocou o meio musical brasileiro.

Mas essas aulas não eram suficientes para assegurar a preparação necessária para ingressar no curso de regência. Faltava uma visão mais abrangente da história da música e o conhecimento de harmonia e contraponto. Georg Wassermann, um austríaco, imigrante como tantos outros, filho do escritor Jakob Wassermann, formado na Academia de Viena, aluno de Heinrich Schenker, foi meu professor até minha partida para a Europa. Schenker, que está para o discurso musical como Chomsky para a linguística, foi um inovador do estudo da análise, e trouxe à luz estruturas de linguagem que só poderiam ter vindo à tona depois do surgimento da psicanálise e da pesquisa do subconsciente. Wassermann era, como tantas pessoas que viveram em Viena na primeira metade do século passado, uma mentalidade humanística, culturalmente multifacetada. Meio perdido no Rio de Janeiro, sobrevivia mal como professor de piano. Nos anos 1963 e 1964, porém, fui seu discípulo, no sentido mais medieval possível.

No colégio, Eremildo Vianna era meu professor de história. Eremildo, mais tarde nomeado interventor na Rádio Ministério da Educação do Rio de Janeiro, convidou-me a reger o primeiro concerto da minha vida. Mas isso já é outra história. Naqueles anos, Eremildo nos passava deveres de casa, e um deles foi "Análise das causas aparentes e subjacentes da Primeira Guerra Mundial". Ao mencionar o dever para Wassermann, passamos a tratar do assunto de forma tão criativa e holística, que meu trabalho escolar tornou-se uma mera consequência de nossas atividades. Tirei dez na escola, assegurei a simpatia de um professor que mais tarde me daria o primeiro concerto e aprendi que só a interdisciplinaridade asseguraria uma compreensão real da história, seja a política, seja a das artes.

Wassermann foi ainda o responsável pelo fato de eu perder o preconceito em relação à obra de Chopin, um dos compositores mais maltratados da história. Seu romantismo e sua invenção melódica extraordinária permitem um acesso emocional tão fácil à sua obra, que seus intérpretes relegam muitas vezes a sua verdadeira estrutura a um plano secundário. Sua obra, quase toda para piano, é literalmente "executada" por milhares de diletantes que, nessa destruição meticulosa do bom gosto e da compreensão da estrutura, acabaram transformando Chopin no favorito das sinhazinhas de boa família. Cansei de tal forma de ouvir os seus magníficos *Prelúdios* serem massacrados por pianeiros das mais diversas espécies, que acabei por achar que Chopin estava para a música como as flores de plástico para as reais. Ao ouvir-me falar com descaso adolescente sobre a obra de Chopin, Wassermann passou a tocar e analisar comigo as suas composições de uma forma que me fez, em pouco tempo, entender esse músico como um dos grandes gênios da história, um descendente direto de Bach e Mozart.

Décadas mais tarde tive o mesmo processo de resgate com a obra de Rachmaninov, outro compositor a quem fui apresentado na minha tenra adolescência, ao assistir ao filme *Rapsódia*, que levou uma geração às lágrimas com a melodia do seu segundo concerto para piano e orquestra. A enxurrada de concertos de Rachmaninov de que fomos vítimas daí por diante fez com que durante anos eu evitasse chegar perto da música desse gênio, que, embora no século XX ainda se banhasse na estética do século XIX, inovou a escrita pianística, orquestrou de forma brilhante, e produziu uma obra sinfônica e lírica paralela aos maravilhosos concertos que poucos conhecem. Eu o admiro cada vez mais como um marco do lirismo tonal num período em que os compositores se afastavam dele com afinco e competência.

Minha vida, no início dos anos 1960, resumia-se a correr do Colégio Andrews, em Botafogo, para Laranjeiras, onde ficava a sede da Pro-Arte, e para Ipanema, onde tinha aulas com Esther e Wassermann. Não me sobrava tempo para quase nada.

No final de 1962, viajei com meus pais com o intuito de visitar uma série de escolas de música na Europa, onde eu poderia vir a estudar. Mas, na realidade, já estava tudo decidido: meu professor seria Hans Swarowky, um mestre mítico que mantinha sua corte em Viena.

Certa manhã, nessa viagem, abordei-o nos corredores da Academia de Viena e perguntei se ele se lembrava de um concerto no Rio, em 1955 ou 1956, no qual me concedeu o primeiro autógrafo de minha coleção, e quais seriam as chances de me inscrever em sua classe. Swarowky foi claro: eu teria que passar no severo exame de admissão que se fazia anualmente no mês de setembro. Boa sorte.

Voltei ao Brasil mais decidido do que nunca. Terminaria o clássico e tentaria o salto para uma carreira que me fascinava. Não tinha a menor ideia das dificuldades que enfrentaria. O sonho era irreprimível.

ALGUMA COISA ACONTECE
NO MEU CORAÇÃO

Minha relação com a Orquestra Sinfônica do Estado de São Paulo começou muito antes da sua reestruturação em 1997.

Em 1979, fui chamado para assumir a classe de regência no curso de inverno de Campos de Jordão. O Festival de Campos havia sido criado no governo Abreu Sodré, e Eleazar de Carvalho, que tinha dirigido quase todas as suas edições até então, tinha sido afastado de suas funções tradicionais. Orgulhoso, quase sempre com toda a razão, Eleazar – que se autodefinia como um general de quatro estrelas – decidiu que não teria qualquer tipo de participação no festival.

Era para mim uma situação delicada: tinha uma ligação afetiva com o velho maestro, devia-lhe respeito e continência; por outro lado, estava sem trabalho e a oportunidade de Campos de Jordão vinha a calhar. Mesmo assim, fui até São Paulo e procurei Eleazar no Teatro Cultura Artística, onde a Osesp ensaiava e se apresentava naqueles tempos. Ele ocupava uma saleta num conjugado, ao lado do teatro, não muito melhor do que o camarim que lhe serviria de escritório tempos depois, no Memorial da América Latina. Na antessala comprimia-se todo o resto do "pessoal" administrativo. Levei ao maestro a notícia de meu convite e esperei por sua reação. O velho leão pensou um pouco e disse sem meias palavras: "Meus amigos não vão." Mais claro impossível. Meio sem jeito, tomei coragem e ponderei que Campos de Jordão era uma abertura de mercado para mim, além de significar uma entrada expressiva, em termos financeiros. Dei a entender que necessitava exercitar minha profissão e que o Brasil não dava chances para um jovem maestro.

Seria um enorme sacrifício não aceitar o convite para Campos do Jordão, mas eu o faria se ele considerasse minha ida como uma traição. Rezei para que o maestro não me propusesse uma prova tão dura de caráter. Não tinha certeza de como reagiria. Minhas preces foram ouvidas. Eleazar afirmou que, como não tinha meios de me oferecer algo que compensasse, mesmo em parte, o que eu perderia, liberava-me para ir.

Os frutos do meu curso de regência no festival de Campos de Jordão, no inverno de 1979, foram bastante bons. Para que as aulas pudessem acontecer, era necessário criar uma orquestra de alunos. Campos de Jordão reunia a nata dos jovens talentos nos mais diversos instrumentos, e não foi difícil juntar um grupo capaz de enfrentar um repertório que lhes serviria como experiência orquestral.

Foi nessa época que conheci Roberto Minczuk, um garoto de doze anos que circulava pelo festival com uma trompa maior do que ele mesmo, e que tocava melhor do que a maioria dos trompistas de São Paulo. Naquela ocasião, Roberto era apenas o "irmão de Arcádio", oboísta talentosíssimo. Roberto e Arcádio, vinte anos mais tarde, seriam peças fundamentais na reestruturação da Osesp. Eles e muitos outros jovens músicos formaram em Campos de Jordão uma "orquestrinha" tão boa, que surgiu a ideia de continuar com a orquestra em São Paulo.

No final do festival, criou-se um movimento para que a nossa "orquestrinha" fosse devidamente institucionalizada e passasse a funcionar regularmente em São Paulo. O então secretário de Cultura de São Paulo Cunha Bueno me chamou para continuar o trabalho. Se não me engano, a Orquestra Juvenil do Estado de São Paulo começou a trabalhar em 1979, e em pouco tempo apresentava resultados surpreendentes. Depois de saltar de galho em galho, passamos a ensaiar no Teatro Sérgio Cardoso, que acabou sendo a nossa sede. Tocávamos na capital, em diversos locais mais ou menos preparados para nos receber, e fazíamos uma série de concertos no interior do estado. O repertório era o de uma orquestra sinfônica comum – Beethoven, Grieg, Bizet, Camargo Guarnieri. Tenho enorme orgulho do trabalho que realizamos nos primeiros dois anos de atividade. Um número importante de músicos que hoje toca na Osesp e em outras orquestras paulistas passou pela Juvenil, e eu não titubearia em defini-los entre os melhores.

Naquela época, Eleazar de Carvalho era mantido um pouco à margem de tudo e Isaac Karabtchewsky dirigia o Teatro Municipal de São Paulo. A OSB, do Rio de Janeiro, era hóspede habitual do governo paulista, que tratava a sua própria orquestra a pão e água. Carvalho era um homem de fibra impressionante. Aguentou quieto grandes humilhações e, enquanto pôde, levou adiante a sua Osesp. Convidou-me muitas vezes para reger a orquestra nos anos em que trabalhei à frente da Juvenil, demonstrando que não guardara rancor pelo fato de eu ter aceitado o convite para o festival de Campos de Jordão.

Certo dia chamou-me para uma conversa. Eu havia sido contratado como professor da Universidade do Estado de São Paulo, a Unesp, para dar aulas de harmonia e análise, e minhas classes encheram-se rapidamente. Meus alunos apreciavam meus métodos práticos de ensinar uma matéria que tantas vezes é apresentada de forma totalmente dissociada da música do dia a dia. Pouco a pouco, São Paulo estava se tornando o meu centro de atividades.

Na conversa com Eleazar, ele me propôs o posto de regente assistente da Osesp, uma vez que o regente que ocupava esse lugar havia anos não trabalhava com a orquestra, por total incompatibilidade com o chefe. Aceitei, honrado, o convite e preparei-me com afinco para assumir essa responsabilidade. Cunha Bueno, em fim de mandato, anunciou em público a minha nomeação durante um concerto ao ar livre da Juvenil.

Poucos dias depois, João Carlos Martins assumia a secretaria da Cultura, e, amigo do regente assistente a quem eu deveria substituir, chamou Eleazar no seu gabinete, fazendo entrar por outra porta o ex-assistente, que pediu para ser readmitido nas funções que sempre tinha ocupado. Eleazar entendeu o pedido como uma imposição, e me telefonou contando a história e explicando que em certos momentos da vida é necessário engolir em seco e seguir adiante para não perder tudo. Também entendi, e por respeito ao velho maestro nunca mais falei no assunto com ninguém.

No último ano do governo Maluf, logo após ser dispensado do posto de assistente que nem cheguei a assumir, começaram as pressões claras para que a orquestra Juvenil tocasse nas ocasiões em que o governador quisesse. Encurto a história: certa ocasião fomos chamados para tocar no parque da Água Branca, nas celebrações do dia da criança. A primeira-dama iria fazer uma aparição junto a seu marido, abraçando os pimpolhos na frente da televisão, enquanto a nossa orquestra mostraria o empenho do estado na educação de seus jovens. O que no caso nem era mentira. Achei que não poderia recusar o compromisso, mas tratei de exigir garantias para que a orquestra não fosse usada de forma abusiva. Os instrumentos eram de propriedade dos músicos, que recebiam um salário-mínimo para participar da orquestra. Solicitei um caminhão fechado para o transporte dos instrumentos e um palco coberto para o caso de chuva. De outra forma não poderíamos tocar. No dia do concerto o caminhão era aberto e o palco não estava coberto. Nuvens negras ameaçavam a segurança dos tímpanos, violoncelos e demais instrumentos da orquestra. O céu ribombava, fazendo-nos prever o pior. Insisti para que se providenciasse uma cobertura para o palco. Nada. Esbaforida, uma assessora da primeira-dama voltou minutos depois: "Dona Sílvia manda perguntar se esse concerto vai começar logo ou se o senhor vai continuar bancando a estrela." Minha resposta mal-educada foi fatal para o meu futuro paulista. A assessora assegurou-me que transmitiria o recado *ipsis litteris*. Deve tê-lo feito. Dois dias depois, Eleazar, mais uma vez entristecido, comunicou-me que as datas que eu deveria reger com a Orquestra do Estado estavam canceladas por motivos de força maior. Entendi. Logo em seguida fui dispensado de meus serviços na Unesp.

Fui perdendo sistematicamente minhas regalias na Orquestra Juvenil. Senti que o momento não estava bom para mim. Pedi demissão depois de ter preparado meu aluno e assistente, Juan Serrano, para o meu lugar. Sabia que seria bem substituído em termos musicais e éticos.

Muitos anos mais tarde, quando o secretário de Cultura do Estado de São Paulo, Marcos Mendonça, durante um de meus períodos de férias no Rio de Janeiro, me telefonou com o convite para que eu assumisse a Osesp depois do desaparecimento do maestro Eleazar, eu estava com a agenda ocupadíssima. Entre outras obrigações, havia um contrato de maestro residente com a ópera de Viena, que previa muitas récitas anuais, diversas produções líricas, além dos compromissos que me obrigavam a estar grande parte do ano na Suíça, dirigindo o teatro de St. Gallen. Antes ainda, numa ocasião em que eu havia sido chamado para dirigir uma segunda vez o Teatro Municipal de São Paulo, Nelson Freire, com quem eu ensaiava um programa na Suíça, me aconselhara a pensar algumas vezes antes de aceitar um compromisso que eu não poderia cumprir integralmente e refletir bem se valia a pena assumir uma responsabilidade que provavelmente não conseguiria levar a bom termo. O Brasil, naquele momento, não estava nos meus projetos. Portanto, não foi com muito entusiasmo que recebi o telefonema perguntando se eu me importava em receber Marcos Mendonça em meu apartamento no Rio de Janeiro para uma conversa sem compromisso. Confesso que a insistência me espantou e esse foi o primeiro de uma série de espantos que acabaram por mudar a minha vida. Achei, finalmente, que uma troca de informações poderia ser útil e marcamos um encontro para dali a alguns dias.

Marcos chegou ao meu apartamento num belo fim de tarde de inverno carioca. Eu acabara de chegar da praia, havia passeado boa parte do dia pela Mata Atlântica no Alto da Tijuca e estava completamente tomado pela beleza da paisagem do Rio de Janeiro. O fascínio de São Paulo, vim a saber mais tarde, é outro.

Mendonça foi delicado ao abordar o assunto da sucessão do maestro Eleazar de Carvalho. Muitos candidatos brigavam pela preferência do secretário e da orquestra, mas ele não havia se decidido por nenhum deles, e insistia para que eu repensasse a proposta que já me fora feita tempos atrás.

Tentei explicar que assumir a Osesp, nas condições em que se encontrava, era impensável para mim. A orquestra não tinha sede, era extremamente desigual na qualidade de seus músicos, pagava mal, não possuía estrutura administrativa, público, prestígio na sociedade, e o que era pior, nem perspectivas de tê-los. Mendonça me deu a primeira prova de sua habilidade política: reagiu como se eu tivesse aceitado o convite e só faltasse acertar os detalhes. Perguntou-me o que era necessário para reestruturar a orquestra, garantiu-me que aquele seria o momento de empreender essa reestruturação, e deu a entender que havia espaços em São Paulo que poderiam ser adaptados e transformados na sede da orquestra. Concordamos que qualquer outra conversa teria que esperar a hora certa, e que aquele era o momento de prestigiar Eleazar, enquanto ele estivesse à frente da orquestra.

Eu me sentia numa posição muito confortável. Minha carreira me dava total liberdade de recusar o convite e dizer francamente a minha opinião sobre a realidade brasileira. Eu não tinha medo de perder o emprego, era totalmente independente para agir e podia ser, como diria Borges, "completamente fiel aos meus sonhos".

Mendonça e eu combinamos que, assim que eu chegasse à minha casa na Suíça, eu lhe enviaria um documento em que exporia quais eram, em minha opinião, as condições necessárias para que a Osesp se transformasse numa grande orquestra internacional. Ficou claro que isso não significaria nenhum compromisso de nenhuma das partes. Era a minha contribuição espontânea e de coração para a vida musical de um país que me mantinha atrelado a ele como uma teia da qual não conseguia me soltar.

Mendonça saiu e foi ao Teatro Municipal do Rio assistir ao ensaio geral de uma *Bohème*.

A minha história começou a mudar depois dessa tarde de sol no Rio de Janeiro, ao sentir que alguma coisa acontecia no meu coração, e que tinha a ver com o Ipiranga e a avenida São João.

O SUPERFAX

De volta à Suíça, sentado no meu estúdio que dava para a belíssima reserva ecológica de Peter und Paul em St. Gallen, admirando os Alpes a distância, eu pensava no que escrever para o secretário da Cultura de São Paulo e em como cumprir minha promessa de municiá-lo com a informação necessária para reestruturar a Osesp. Conhecia bem o caos paulista, a falta de seriedade e continuidade da política cultural brasileira, e a cronicidade das nossas crises políticas e financeiras que se refletiam imediatamente no panorama das orquestras. Confesso que não estava nada animado.

No início dos anos 1970, com o advento do então chamado "milagre brasileiro", o panorama orquestral nacional teve um súbito implemento. Num país em que o número de orquestras sinfônicas era muito inferior ao seu potencial, orquestras pipocaram aqui e ali, num reflexo da situação econômica e das promessas de um Brasil grande.

A Orquestra Sinfônica de Porto Alegre, Ospa, uma das mais antigas do país, aproveitara-se das crises no Uruguai e na Argentina e importara uma série de músicos da Orquestra do Sodre de Montevidéu e do Colón de Buenos Aires. Seu fundador, o emigrante húngaro Pablo Komlos, tornou-se uma figura folclórica em Porto Alegre, com seu indefectível charuto – quem sabe influência de Villa-Lobos. Conseguiu, talvez pela presença de uma colônia alemã considerável, manter a qualidade da orquestra num nível aceitável durante anos. No início da década de 1970, a Ospa chegou a ser considerada a melhor orquestra do Brasil. Fez uma turnê pelo país e conquistou sua posição no panorama nacional. Tive a oportunidade de regê-la diversas vezes. Komlos era ainda a autoridade incontestada na orquestra. Chegamos até, naqueles dias, a conversar sobre uma possível nomeação para regente associado, mas como tantos outros planos este também não deu certo.

Mas não era só em Porto Alegre que surgiram grupos sinfônicos na década de 1970. Em João Pessoa, na Paraíba, um governador sonhador e amante de música clássica, Tarcísio Buriti, talvez inspirado por seu conterrâneo Aldo Parisot, grande violoncelista radicado havia anos nos EUA, criou e montou o projeto de uma grande orquestra sinfônica no Nordeste. Construiu um centro cultural admirável em João Pessoa, chamou artistas do Rio de Janeiro, São Paulo e Recife, importou uma série de músicos americanos e fundou a Orquestra Sinfônica da Paraíba, que, na época, pagava melhor do que qualquer outra no país. Mais uma vez, surgia do nada uma realidade sem muita lógica ou história. No entanto o pessoal da Paraíba pensou com bastante correção. A escola de música, ligada à universidade, foi ativada em moldes exemplares. Os músicos da orquestra lecionavam na escola e ganhavam uma complementação ao seu salário. Essa solução poderia ter ajudado a sobrevivência de muitas outras orquestras brasileiras, e lembrei-me dela quando os professores da Osesp passaram a lecionar na academia da orquestra.

Quando Buriti foi substituído, o projeto perdeu a prioridade e, como de costume, foi por água abaixo de um mês para outro. Buriti ainda voltou ao governo mais uma vez, mas a orquestra nunca mais renasceu com a força que teve durante aqueles dois anos de atividade. Até Eleazar de Carvalho foi chamado para dirigi-la nessa ocasião, mas não foi mais capaz de estruturá-la para resistir a um futuro de menos apoio.

Ainda falta a noção aos políticos brasileiros que, se é difícil e custosa a construção de um projeto cultural de qualidade, especialmente se for inédito, é facílima e rápida a sua destruição. Esta deixa, na maioria das vezes, resultados catastróficos. São necessárias gerações para consertar o que a sanha destruidora dos poderosos estragou, ao não se interessarem pelo significado e pela emanação cultural desses projetos ou implicarem com os seus dirigentes, quando estes insistem em preservar a qualidade artística e procuram resistir aos seus caprichos.

Em Belo Horizonte, o Palácio das Artes também estimulou a sua orquestra sinfônica. O mineiro Carlos Eduardo Prates era seu diretor. A Orquestra de Minas sobreviveu a altos e baixos e hoje revive sob a direção de Fabio Mechetti.

Salvador também tinha uma orquestra. Mas Salvador é um caso à parte. A Bahia resolveu o seu desejo cultural melhor do que o resto do Brasil. Suas raízes étnicas e culturais marcadas pela África são muito mais evidentes, sua alegria muito mais assumida, sua música mais definida, seu carnaval mais natural, suas festas mais concorridas, e a vida no seu seio tem mais amores. Uma orquestra sinfônica tocando Brahms me pareceu sempre um pouco de contrassenso na Bahia. A Orquestra Sinfônica da Bahia esforça-se hoje, novamente, por alçar voos mais arrojados. Os Seminários de Música da Bahia, nos anos 1950, liderados por Koellreuter, foram uma escola-modelo, responsáveis pela formação de uma geração de músicos e compositores que acabaram por deixar marcas profundas na vida musical brasileira. Caetano Veloso chegou a participar do movimento cultural em torno dos Seminários de Música da Bahia. Em minha opinião, o mais criativo dessa safra surpreendente de compositores foi

Lindembergue Cardoso. Não fosse a sua morte inesperada e tragicamente prematura, Lindembergue seria hoje um dos grandes nomes da composição no Brasil, que chama a atenção por seu ecletismo, quantidade e qualidade.

Outras orquestras surgiram ou tomaram vulto nos anos 1970. Em Curitiba a Orquestra Sinfônica do Paraná trilhou um caminho fatal, ao conceder status de funcionalismo público aos seus músicos. Uma espécie de atrelamento da moeda ao dólar, para o qual não há saída. Todos sabem que é preciso desatrelar, mas ninguém consegue. Hoje em dia buscam-se no mundo todo soluções alternativas para essa camisa de força com regimes de trabalho comum e não presos à burocracia estatal.

Brasília tem a sua Orquestra do Teatro Nacional, obra de Oscar Niemeyer, que, embora bela como todas as suas obras, é pouco adaptada à música. Acusticamente o Teatro Nacional é seco e desagradável. A orquestra deveria ser um paradigma musical, a nossa verdadeira Orquestra Sinfônica Nacional. Os políticos brasileiros, no entanto, na sua maioria, nunca foram grandes amantes da música clássica e da cultura acadêmica. Cláudio Santoro foi seu diretor mais importante, e Ira Levin atualmente faz o possível para mantê-la em bons níveis qualitativos.

Até em Blumenau, a sociedade privada criou uma orquestra de câmara que durante certo tempo gozou de algum prestígio. Chegou a fazer uma turnê europeia, sem grandes consequências. A orquestra não existe mais.

Dos inúmeros projetos e iniciativas interessantes que surgiram e desapareceram no nosso país nos últimos anos, se cinquenta por cento tivessem sobrevivido com a seriedade com que começaram, o Brasil, sem dúvida, faria parte da elite mundial da música clássica.

O Rio de Janeiro e São Paulo sempre foram as grandes capitais sinfônicas e líricas do país. Suas orquestras e teatros, porém, sofreram muito ao sabor das conjunções político-culturais. Seus principais corpos estáveis sobreviveram a essas tensões com maiores ou menores prejuízos.

O fato é que o Brasil, até o aparecimento da Osesp dos anos 2000, nunca teve uma orquestra sinfônica de qualidade comparável às maiores sinfônicas da Europa ou dos EUA. Tentativas semelhantes à da reestruturação da Osesp não faltaram. Uma das mais promissoras tinha sido a criação da Orquestra Filarmônica de São Paulo, sob a direção de Simon Blech, regente argentino. Criada no final dos anos 1960 pela iniciativa privada, durou poucos anos, deixando muitas esperanças frustradas.

Essas considerações e lembranças rondavam minha cabeça quando, sentado em frente ao computador, tentava encontrar a forma certa de expor ao secretário da Cultura do Estado de São Paulo o que seria necessário para reestruturar a Osesp. Voltar ao Brasil seria quase uma irresponsabilidade. Tantas vezes havia posto no papel projetos de orquestras e teatros, sem jamais tê-los visto prosperar, que não queria mais ser conivente com a "esperança negra", como o definira tão corretamente meu velho professor Hans Swarowsky. Resolvi que dessa vez não faria nenhuma concessão. Seriam considerações definitivas, que estabeleceriam condições imprescindíveis e inegociáveis para a criação de um organismo sinfônico de nível internacional. Frisei, como depois continuei fazendo durante toda a minha colaboração no trabalho de implantação do projeto, que nada daquilo era invenção minha, e que, ao contrário, estava me inspirando nas experiências centenárias das grandes orquestras europeias e em anos de trabalho realizado diante de orquestras e teatros no estrangeiro. Escrevi quinze páginas, nas quais constavam em detalhes o organograma de uma grande orquestra, com descrições de funcionamento, necessidades e, o que era fundamental, o seu preço. Terminei meu documento assegurando ao secretário que eu estava com quase cinquenta anos, era brasileiro e conhecia o suficiente das experiências musicais do meu país para poder aceitar um não tranquilamente, sem maiores prejuízos para minha sobrevivência emocional e financeira. Aliás, eu mesmo achava impossível que minhas sugestões fossem implementadas.

Enviei um superfax para São Paulo, admirei a paisagem suíça que me cercava. Pensei que meu presente não merecia de forma alguma ser jogado fora e senti a minha consciência civil tranquila. Havia dito aos meus compatriotas tudo o que achava, e por isso mesmo imaginava que minha vida não fosse mudar.

EU TERIA FEITO O MESMO

Meu nome, John Luciano Neschling, não ajudava na minha perfeita integração ao "mundo brasileiro". Tampouco o fato de falar alemão como primeira língua. Não que tivesse alguma dificuldade com o português, mas a dicotomia entre o que se falava em casa e o que se falava nas ruas e no colégio não ajudou muito a pacificar uma personalidade dividida.

Meus pais eram burgueses pouco afeitos à realidade sul-americana, mas tinham tido experiências em suas vidas que os faziam ter receio de qualquer câmbio. As mudanças às quais tiveram que se submeter desde a juventude sempre foram dolorosas e trágicas. Sobreviveram a elas como tantas outras famílias de refugiados, mas as cicatrizes não desapareceram nunca. Desde que desembarcaram no Rio de Janeiro, em 1938, tentaram da melhor forma possível adaptar-se ao país que lhes serviria de pátria pelo resto de suas vidas. Como consequência da perseguição de que foram vítimas de forma inesperada e violenta, tentaram ocultar o melhor possível as diferenças que os separavam de grande parte da sociedade brasileira.

No melhor estilo do marranismo dos séculos da Inquisição, não titubearam em batizar-me nos ritos católicos. Nunca antes, em suas vidas, tinham sido praticantes do judaísmo, mas tampouco me ocultaram a condição de judeu. Não me lembro de tê-los visto uma única vez numa sinagoga nos dias dos grandes feriados, nem fizeram parte de nenhuma das associações israelitas que dividiam o Rio de Janeiro. A Associação Religiosa Israelita e o Clube Israelita Brasileiro dividiam os judeus ashkenazis em comunidades separadas. Os judeus sefaraditas, por sua vez, tinham seus próprios reinos e sinagogas, e a simpatia entre esses grupos não era nada acentuada, enquanto os preconceitos, inexplicável e lamentavelmente, sim..A solidariedade tão proclamada entre os judeus surgia somente quando um perigo externo vinha ameaçar a sua integridade. Nessas horas, a colônia encontrava a sua unidade e reagia de forma clara. No entanto, nos momentos de paz que caracterizaram a grande maioria dos anos desde que chegaram ao Brasil, as colônias israelitas apresentavam os mesmos problemas de qualquer sociedade dividida em grupos e com interesses conflitantes.

Na minha escola, a maioria dos meus amigos provinha de família de imigrantes judeus, e estes deixavam a sala durante as aulas de catecismo. Eu ficava sem entender direito por quê. Ouvia as histórias do Novo Testamento numa época em que os judeus ainda eram encarados como os assassinos de Cristo, sem que houvesse uma posição clara da Igreja que os liberasse dessa horrenda culpa. Eu tinha que arcar com as duas realidades: a de ser gentio e a de ser judeu. Batizado, mas sempre judeu.

Em casa não se falava do assunto. Penso que meus pobres pais deviam ter vergonha de seu pseudomarranismo. A explicação oficial que recebi deles, da primeira e única vez que os inquiri sobre a razão dessa atitude estranha, foi que o medo de que uma situação como a da Segunda Guerra se repetisse os fez tentar incluir-me no rol dos não judeus. A explicação era absurda, considerando que eles próprios nunca se incluíram no rol dos judeus praticantes e que esse fato não os eximiu da violenta perseguição que sofreram que acabou por expulsá-los da

Áustria. Para aumentar mais a minha sensação de estranheza, fiz a primeira comunhão, engoli uma hóstia que certamente achava que não merecia, vesti-me de branco em razão de uma santidade que não entendia. Nenhum de meus amigos jamais comentou uma única palavra a esse respeito comigo. Nem os seus pais. Creio que o assunto era considerado tabu, havia um entendimento tácito entre os imigrantes, ou um desentendimento tácito, como se a fogueira da Inquisição ainda nos rondasse, como se Teresienstadt ainda estivesse funcionando.

Essa dicotomia tremenda continuou a me consumir até a adolescência, embora com menos evidência, porque a pressão do clero sobre minha consciência diminuiu bastante depois da primeira comunhão. Nunca mais entrei numa igreja para rezar. Todos os meus amigos fizeram os seus bar-mitzvás, aos quais eu assistia eventualmente, com uma sensação de que tinha faltado à minha própria cerimônia.

Em 1964, eu tinha dezessete anos e cursava a terceira série do clássico no Colégio Andrews, no Rio de Janeiro. Meus problemas religiosos e de pertencimento tinham sido empurrados para o fundo do meu inconsciente. Era o último ano do colégio e eu me preparava para a partida para a Europa, onde iria estudar regência. Quase todas as noites, eu ia a concertos ou a reuniões para ouvir música com um grupo de amigos. Havia vários desses grupos no Rio de Janeiro.

No apartamento de meus pais, organizávamos concertos parecidos. Eu decidia qual era o programa, Wassermann quase sempre explicava ao grupo de convidados o que iríamos ouvir, e minha mãe preparava um bufê, que para alguns era certamente a razão primordial para ficarem duas horas sentados, ouvindo discos long-play que chiavam quase sempre desagradavelmente.

O Colégio Andrews em Botafogo é uma das boas escolas do Rio. O movimento secundarista que surgia naqueles anos tomaria vulto pouco mais tarde. Eu, porém, em 1964, não tinha a menor ideia do que significava fazer política estudantil. O tacão da ditadura militar não era ainda tão violento, os Atos Institucionais ainda estavam por vir. Era o período Castelo Branco que, em relação ao que viria mais tarde, parecia brando e democrático.

Durante uma aula de filosofia eu conversava com um colega de classe, que de tempos em tempos, como todos nós, servia de alvo de brincadeiras, quase sempre inócuas, dos colegas. Estávamos discutindo sobre nossos planos para o futuro. Considerávamos a ideia de fazer o curso preparatório para entrar para o Itamaraty. Ignoro se ele o fez. Mas nessa manhã eu, maldosamente, disse que a decadência de nossa diplomacia era tal que até ele poderia entrar sem problemas nos seus serviços. Sua reação foi mais agressiva: a diplomacia brasileira estava tão decadente que até um judeu como eu poderia fazer parte dos quadros, se quisesse. Essa resposta inesperada atingiu-me como uma bomba. Sem saber bem por quê, uma vez que segundo todos os padrões que me foram inculcados até ali eu não era judeu, levantei-me e perguntei se ele falava a sério. Sua resposta foi positiva. Enfiei-lhe a mão na cara e a briga só não foi mais violenta porque a turma do deixa-disso foi eficiente como sempre. Eu estava completamente alterado e fui prontamente expulso da sala, com a obrigação de ir direto falar com o diretor do colégio.

Contei o ocorrido e fui suspenso até segunda ordem por ter violado explicitamente as regras de boa convivência. Nunca na minha vida tinha sido suspenso das aulas, as admoestações disciplinares que tinha recebido sempre foram brandas. Era relativamente bom aluno, sem exageros, e a situação era completamente nova e surpreendente, em todos os sentidos. Nem mesmo eu entendia claramente a minha reação violenta. Saí da escola aclamado pela enorme colônia judaica do colégio, que foi imediatamente informada do ocorrido. A notícia de que um judeu tinha reagido com violência a uma declaração antissemita alastrou-se como um fio de pólvora pela estudantada, e todos eles se postaram num corredor polonês e aplaudiram freneticamente quando eu, de cabeça erguida, passava em direção ao portão de saída.

Assim que cheguei em casa, contei a meu pai o ocorrido, sem saber qual seria sua reação. Senti que alguma coisa acontecia do lado de lá do telefone enquanto eu narrava o incidente. Houve um silêncio do lado de lá e ouvi meu pai claramente emocionado. "Estou orgulhoso de você, meu filho", ele disse, "eu teria feito o mesmo!"

Uma muralha de palavras não ditas, de sentimentos não expressos, de emoções mantidas escondidas, ruiu por terra e uma história milenar veio à tona naqueles poucos minutos ao telefone. Senti-me acolhido num mundo que sabia ser meu e do qual havia sido afastado. Sabia inconscientemente que essa distância era fictícia, que era impossível fugir a essa tradição, que tudo me levaria a um encontro, em algum momento. Bastaria apenas que uma pessoa dissesse uma palavra, que um olhar enviesado fosse percebido, que uma bola preta caísse em qualquer clube da vida.

Fui suspenso do colégio, simbolicamente, por três dias. Minha consciência, porém, transformou-se para toda a vida. Tive conversas formidáveis com meus pais, tentei entender o que os fizera fugir de uma realidade evidente. Senti que meu pai, ao ver-me decidido a rever meu comportamento e identidade, decidiu também rever o seu. Sua tradição judaica veio à tona como se estivesse coberta apenas por um tênue véu, esperando por uma brisa que descobrisse aquilo que nunca esteve escondido por inteiro. Nossas conversas foram inesquecíveis. Os meses que restavam para mim no Rio de Janeiro foram os últimos que passei com ele, com total liberdade e intimidade. Meu pai morreu em março de 1969, menos de cinco anos depois, enquanto eu estava terminando meus estudos na Áustria.

Durante o último semestre que passei no Rio, antes de minha partida para Europa, decidi visitar o rabino Lemmle, líder espiritual da comunidade religiosa. Tive com ele vários encontros e conversas, e pedi-lhe que me orientasse no caminho que me levaria de volta ao judaísmo. Eu não tinha sido circuncidado, nem feito bar-mitzvá, havia muito a ser recuperado. Decidi imediatamente pôr mãos e outras partes do corpo à obra. Passei o resto do semestre estudando mais uma matéria, além da música e do colégio: judaísmo.

O ano de 1964 acabou sendo de revolução também para mim. Mas foi uma revolução interna, que me trouxe avanços espirituais importantes e consistentes. Em janeiro de 1965, numa manhã ensolarada, deixei meu pai às lágrimas no cais da Praça Mauá, aonde eles tinham chegado de Viena vinte e sete anos antes, e embarquei, no *Frederico C.* para Gênova, de onde segui de trem para a mesma Viena onde ficaria os próximos nove anos.

Minha procura pelas raízes profundas de minha personalidade, a necessidade de pertencimento a uma cultura e a um lugar específico, porém, continuaram me torturando durante os trinta anos seguintes.

A dificuldade, se não a impossibilidade, de exercer a minha profissão no meu país sempre me angustiou, por mais que eu encontrasse uma gratificação no meu trabalho no exterior. O Brasil tem características peculiares e bastante perversas, responsáveis pelo aniquilamento de vários artistas nacionais. Desde o tempo do Segundo Império, uma infinidade de músicos brasileiros teve que se transferir para o exterior durante um longo período de suas vidas para desenvolver suas carreiras de forma estruturada e profícua. Essa escolha nunca foi fácil. Não o foi para mim, e imagino que não o tenha sido para tantos outros. Carlos Gomes, Nepomuceno, Braga, Oswald, para falar dos compositores, até Guiomar Novaes, Bidu Sayão e Aldo Parisot, e Nelson Freire, Antonio Meneses e Eliane Coelho nos dias de hoje, todos tivemos que abdicar de grandes facilidades e felicidades que tínhamos no Brasil e encarar tempos difíceis e solitários fora dele. As compensações não eram garantidas e esse investimento financeiro e emocional muitas vezes era a fundo perdido. Quantos artistas não conseguiram seguir suas vocações, acabaram por não realizar de forma plena o seu talento, simplesmente porque, por uma razão ou outra, seja financeira, seja emocional, não encararam os "anos de galera"? Sabemos que Carlos Gomes morreu abandonado em Belém do Pará, após uma vida aventurosa e marcada por grandes sucessos e fracassos na Europa. Seu *Guarany* continua, apesar de insistentes tentativas fracassadas, mais executado no exterior do que no Brasil.

Eleazar de Carvalho, guardadas as devidas proporções, foi o único maestro brasileiro de carreira internacional reconhecida e documentada. Nossa mania de grandeza quer fazer de Villa-Lobos um Mozart e de Eleazar um Furtwaengler. Nem uma coisa, nem outra: Villa-Lobos foi, graças a Deus, só Villa-Lobos e, como tal, ostenta a sua verdadeira grandeza. Eleazar regeu as grandes orquestras mundiais, antes que qualquer outro brasileiro. Foi um músico de grande inteligência e cultura, um regente de técnica admirável, que poderia fazer parte da elite de maestros de seu tempo. No entanto, resolveu dedicar parte de sua vida madura exclusivamente ao Brasil, e cometeu aí o seu erro mais crasso. Acabou perdendo o respeito que as elites dedicam aos que "fazem carreira fora", esmagado nas garras da burocracia do Estado, abandonado pelo poder que o tinha alçado à condição de *capo* da música em São Paulo e outros centros. Depois de enfrentar o dilema do "exílio voluntário", e de alcançar uma posição invejável de independência artística e financeira, voltar a radicar-se no Brasil é um risco de grandes proporções, haja vista a antropofagia cultural vigente em nosso meio. À sanha de construir e criar corresponde uma sanha igualmente competente de destruir e eliminar.

    Voltar ao Brasil em 1997 para reestruturar a Osesp foi a solução para essa busca incessante. Finalmente pude realizar o meu sonho profissional e pessoal num mesmo lugar, o meu país, numa cultura e com um idioma que eram os meus e com os quais me identificava completamente. Minhas realizações na Osesp não foram exclusivamente fruto de uma conjuntura favorável, seja política ou econômica. Foram, muito mais, fruto de um longuíssimo preparo tanto de estudo como de trabalho, que me ofereceu os conhecimentos e os meios necessários para enfrentar o desafio de construir uma orquestra de nível internacional.

VIENA

Viena é apelidada por muitos de capital mundial do desestímulo. Sempre foi uma cidade difícil, destrutiva, que maltrata e espanta seus filhos mais dotados. Basta lembrarmo-nos de Mahler e de Freud. À parte o antissemitismo da população de Viena, muitos dos santos da casa não puderam realizar nenhum milagre por ali. Às vezes, quando o santo era judeu, era necessário renunciar ao mosaísmo para poder galgar degraus sociais e profissionais. Mas isso, ao longo do tempo, não bastava. Foi o caso de Gustav Mahler, que se converteu ao cristianismo para ser mais bem-aceito pela sociedade vienense do final do século XIX e, em última análise, ser nomeado diretor da Ópera de Viena, posto inalcançável para um israelita. Não lhe foi de muita valia a conversão. Mahler, embora tenha conseguido a nomeação para a Ópera, e depois de ter feito um trabalho revolucionário em todos os sentidos naquela casa, transformando-a na mais importante casa de ópera da Europa (título que embora amplamente contestado, mantém até hoje), foi enxotado do seu posto. Nunca mais se recuperou da mágoa que isso lhe causou.

Freud, por seu lado, foi ferrenhamente atacado em Viena durante toda a sua vida, até a sua emigração para a Inglaterra. Quando eu era estudante em Viena, a psicanálise, embora praticada e respeitada em todo o mundo civilizado, era, em Viena, relegada ao rol de ciência menor. Na casa onde Freud havia morado e clinicado, na Berggasse 9, sítio de peregrinação de psicanalistas, psicanalisados e psicanalisandos, não havia nem mesmo uma mísera plaquinha indicando que ali havia vivido um dos maiores cérebros do século. Hoje a casa de Freud virou museu, e a Berggasse 9 recebe centenas de curiosos por dia. Exemplos da rejeição de Viena por seus cidadãos mais talentosos encontram-se aos montes. Arnold Schönberg, criador do dodecafonismo e o próprio Mozart, cujos restos mortais foram jogados numa vala comum, são prova da inclemência de Viena e dos austríacos.

Sempre tive a impressão de que a crítica vienense tinha um prazer especial em ironizar e destruir. Também não deixava de escolher os seus protegidos para transformá-los nos *enfants gatés* da sociedade. Leonard Bernstein, nos anos 1960, foi um deles. Lembro-me dos ensaios das sinfonias de Mahler que Bernstein apresentou com a Filarmônica de Viena, ele que foi o responsável pelo redescobrimento do compositor que havia sido expulso da Ópera mais de cinquenta anos antes. Há aí um paralelo interessante: Mahler e Bernstein foram regentes tão fantásticos e carismáticos que, enquanto vivos, sofreram pelo fato de não serem igualmente reconhecidos como compositores. E o destino de Bernstein será parecido com o de Mahler, que é hoje reconhecido como um dos grandes compositores da história do pós-romantismo, mas cuja atuação como regente vai pouco a pouco sendo esquecida. Os CDs ficarão, sem dúvida, como um documento de Bernstein como regente, técnica da qual Mahler, infelizmente, não pôde usufruir. A exemplo da tradição austríaca de escolher os seus "judeus de casa" (*Hausjuden*), Leonard Bernstein foi agraciado com esse "privilégio". Desde a época do mais popular de todos os seus prefeitos, o dr. Karl Lueger, Viena, que não está à beira do Danúbio (que na verdade banha Budapeste com muito mais carinho e monumentalidade), vive destilando preconceito, maldade e despeito em relação a seus mais geniais concidadãos. E esses, por ironia do destino, floresceram como margaridas-do-campo em suas ruas e parques. Até 1930, Viena e Berlim brigaram pelo reconhecimento de ser a capital europeia e mundial da cultura, medicina, filosofia, crítica literária, pintura, decoração e muito mais.

Passados esses tempos gloriosos, Viena continua exercendo um fascínio todo especial sobre gerações de intelectuais. Capital do império austro-húngaro, centro de convergência de austríacos, húngaros, tchecos, eslavos, eslovacos, eslovenos e tantos outros povos que procuravam emular nas suas capitais um pouco do brilho e da beleza arquitetônica vienense, Viena hoje se ressente justamente da falta dessa multiplicidade cultural e vive nostalgicamente da memória de um passado majestoso. Ainda assim produz grande música, grande pintura e grande literatura.

Cheguei a Viena para iniciar os meus estudos de regência em janeiro de 1965. O ano letivo começava em outubro, e tratei de usar os meses que faltavam para aumentar meus conhecimentos, que havia adquirido um tanto desorganizadamente no Rio, nas aulas particulares. Tinha dezessete anos e um conhecimento notável de repertório, desproporcional ao meu conhecimento teórico. Procurei por um professor que pudesse me preparar especificamente para o exame de admissão para a Academia de Música. Encontrei essa boa alma na figura de um jovem professor do conservatório – em Viena havia um conservatório excelente, que fazia modesta concorrência à Academia de Música da qual o professor de regência era o lendário Hans Swarowsky. A lenda devia-se, sobretudo, aos alunos que ele havia formado nos anos 1950, jovens que já estavam no auge da fama e que iam regularmente a Viena visitar o velho mestre.

Meu professor morava em Meidling, bairro bastante distante, ao qual se chegava usando o trem urbano que Viena tem desde antes da guerra. Cada vez que pegava o metrô, maravilhava-me com a arquitetura das estações. O metrô de Viena já é em si uma obra de arte, com algumas de suas estações desenhadas por Otto Wagner, nome importante do *Jugendstiel* que em Viena teve momentos de glória.

Eu tinha encontrado um quarto de aluguel num velho apartamento do terceiro distrito vienense, que pertencia a uma velha atriz inconformada com seu destino de dona de casa de classe média. Era casada com um ator secundário do *Burgtheater*, o Teatro da Corte, uma casa de prestígio sem igual no mundo de língua alemã. E ser ator empregado no Burgtheater era o mesmo que ser ator empregado da Globo no Brasil de hoje. Walther Stummvoll era um bonachão simpático e obedecia sem pestanejar à esposa, que comandava a casa como uma coronela da Wehrmacht. O apartamento era imenso e tinha sido dividido em dois. Um só corredor percorria todo o circuito de quartos, salas, banheiro e cozinha. Na "outra parte" do apartamento, do meio do corredor em diante, e separados por uma porta que vivia trancada, vivia um velho casal com o qual os Stummvoll não se davam. O clima era de guerra. O velho casal entrava e saía passando pelo corredor comum sem sequer dirigir-nos um olhar, e como o apartamento era antigo e dividido (nunca entendi bem como essa situação complicada surgiu em Viena, muitos mistérios surgidos durante os anos do nazismo não eram explicados), o banheiro ficara com os velhos e a cozinha conosco.

Uma pequena privada perto da porta de entrada era usada por "nossa" família inteira. Dentro da cozinha, os Stummvoll tinham instalado uma pia e num cantinho mínimo um boxe fechado, onde a gente se espremia para tomar banho com uma duchinha de mão. Como o apartamento era muito antigo, não havia aquecimento central. Os quartos tinham aqueles aquecedores a carvão, de cerâmica, que tinham que ser alimentados a cada duas ou três horas para manter o ambiente relativamente confortável. No inverno eu alimentava o meu insaciável forno pela última vez por volta das dez da noite, numa Viena em que a temperatura no inverno chegava quase sempre a cinco graus negativos. Acordava num frio polar.

No meu quarto, havia um piano armário antigo no qual eu podia tocar a horas determinadas e sempre com surdina. Mesmo assim foi preciso instalar uma cortina de feltro grosso na parede que dividia o meu quarto do primeiro dos cômodos dos inimigos, que nem por isso deixaram de dar queixa à polícia. Depois de um longo processo que envolveu peritos vindo medir os decibéis que se ouviam do lado de lá, foi-me permitido tocar ou ouvir música numa determinada dinâmica e durante determinadas horas. Uma mesa no meio do quarto servia de escrivaninha e de tudo o mais de que um móvel com tampo pode servir.

Ao final dos primeiros sete meses de aulas diárias com meu preceptor particular (mesmo nas férias de páscoa e de verão a gente se correspondia: eu mandava o caderno de exercícios pelo correio, ele corrigia e mandava de volta...), prestei o exame de admissão para o curso de regência de orquestra e coral da Academia. Era o mais jovem dos candidatos e passei sem maiores dificuldades. Começava aí um período da minha vida em que tive que conviver com os sentimentos mais contrastantes. A cidade que amava e odiava (só mesmo em Viena, Freud poderia ter identificado esse sentimento de *Hassliebe* – amor/ódio) tornou-se o meu grande referencial estético, sua música me iluminou e me limitou. Com sua história, que me fascinava e repelia, aprendi a enfrentar a solidão e a preenchê-la com criatividade. Nesse quarto alugado, tive que me adaptar a circunstâncias que nunca tinha enfrentado no Brasil na casa de meus pais. Vivi nessas condições por sete anos antes que pudesse finalmente alugar o meu primeiro apartamento.

Um dos eventos que me interessaram em Viena, pouco depois de minha chegada à cidade foi o Concurso Internacional de Piano Beethoven, que reuniu candidatos do mundo inteiro, inclusive do Brasil. João Carlos Assis Brasil foi o candidato brasileiro que chegou às finais e por quem a pequena comunidade brasileira de músicos e estudantes de música em Viena torceu, como se fosse a final de uma Copa do Mundo de futebol.

Importante para mim, naquela ocasião, no entanto, foi ter conhecido um candidato português que vivia em Viena estudando piano e composição. António Victorino d'Almeida e eu nos tornamos imediatamente amigos íntimos. Pouco mais velho que eu, António já era casado com Maria Armanda de Medeiros, que estava grávida da primeira filha, que viria a ser minha afilhada.

António era um multitalento invejável. Além de pianista com grandes possibilidades técnicas, compunha e dedicava-se à literatura. Tinha acabado de escrever o seu primeiro livro de contos, *Histórias de lamento e regozijo*, que estava em vias de publicação em Portugal. Circulava com facilidade nos meios mais diversos da cidade, desde o intelectual até o mais folclórico como o das prostitutas das boates e inferninhos, dos *dropouts* e "malucos beleza" da periferia. Já era tido como uma figura folclórica em Lisboa, onde andava pelas ruas da cidade com uma bengala, como um conde francês do século XIX, arrastando um burro pela coleira. O burro ia a todos os lugares com ele, e nos cafés lisboetas ele pedia um café para si próprio e um pão de ló para o burro. Mais tarde, o animal se tornou mais agressivo e quando começou a ameaçar morder os transeuntes e atacar as velhinhas, António foi obrigado a construir uma baia para o seu companheiro. O burro morreu de velho numa casa de Santo Antonio do Estoril.

António mantinha a mesma originalidade *épatante* em Viena, aparecendo em todos os lugares vestido sem o menor esmero e com sua inseparável bengala. Eu ia à sua casa praticamente todos os dias, até porque era desagradável ficar no meu quarto alugado mais do que o estritamente necessário para dormir e estudar. Maria Armanda cozinhava e tocávamos piano a quatro mãos, improvisávamos sobre temas brasileiros e portugueses, discutíamos sobre tudo e todos e nos divertíamos à balda.

Armanda era jornalista e deu à luz uma linda rapariga, Maria, que herdou o talento do pai e a beleza da mãe. Era uma criança iluminada, que se transformou numa mulher fascinante, a atriz Maria de Medeiros. Maria Armanda voltou a Portugal e António ficou em Viena. Continuamos a viver nossa amizade fraterna enquanto vivíamos os dois na mesma cidade. António relatava-me as notícias do mundo musical e cultural de Lisboa e eu, ao tentar explicar o que se passava no Brasil, entendia cada vez mais de onde provinha a balbúrdia e a confusão da vida musical carioca. Nas férias, fomos algumas vezes juntos a Lisboa, onde António cultivava o mesmo ecletismo nas suas relações como em Viena. Conversador de grande fascínio e homem de vasta cultura, António acabou por ser convidado para fazer parte de um programa televisivo de grande sucesso em Lisboa, cujo âncora era o ator Raul Solnado, imensamente popular em Portugal. O sucesso do quadro de António foi tal que pouco depois já tinha o seu próprio programa, *Histórias da música*, que gravava em Viena e era transmitido em Lisboa. António passou a ser uma das figuras mais populares da vida cultural portuguesa e acabou, como era de se esperar, por voltar a Lisboa para lá viver, sem nunca perder seus profundos laços vienenses.

Em 1968, António tinha acabado de compor duas obras, uma para orquestra de cordas, *Variações sobre um tema popular português* e a música para um balé, cujo libreto era baseado na obra de outro amigo brasileiro residente em Viena naqueles dias, leitor de português na universidade, o poeta Modesto Carone.

Portugal vivia ainda os seus dias de Salazar e Marcelo Caetano, e as orquestras portuguesas não eram lá muito admiráveis. Mas, a exemplo das capitais europeias, a Emissora Nacional Portuguesa de Radiodifusão mantinha uma orquestra que apresentava a sua série sinfônica e que gravava como cabia a uma verdadeira orquestra de rádio. O coordenador de música da Emissora Nacional era Pedro Prado, um tipo saído direto de um romance de Eça de Queiroz. Sempre impecavelmente vestido e sério, Pedro Prado comandava em grande parte o cenário sinfônico português, uma vez que a outra instituição cultural de Lisboa, a Fundação Gulbenkian, uma ilha europeia naquele jardim à beira-mar plantado, "só" mantinha uma excelente orquestra de câmara.

António conseguiu que Pedro Prado me convidasse para gravar com a orquestra da Emissora Nacional as duas obras que havia composto. Foi o meu primeiro compromisso profissional como regente na Europa. Tinha feito pequenas incursões na regência amadora em Viena, inclusive ao gravar uma trilha sonora que António tinha composto para um filme B austríaco, do qual nunca vi uma cópia e nunca mais ouvi falar. Creio que foi a minha "brilhante" atuação nessa gravação que convenceu António a me propor para gravar suas obras em Lisboa.

Do que me ficou na memória do processo de gravação em Portugal, acho que o resultado foi muito satisfatório. Como tantos outros documentos da minha vida profissional, devo ter escondido as fitas rolo dessas obras em algum lugar recôndito do mundo. Se a qualidade orquestral realmente não era lá invejável, senti um enorme orgulho de ter conseguido pôr de pé duas obras inéditas.

Poucos meses depois o misterioso e correto sr. Pedro Prado mandou-me um telegrama, perguntando se eu estava interessado em dirigir um dos Concertos de Outono, da série sinfônica pública da orquestra sinfônica da emissora. Aceitei extasiado esse primeiro convite para reger um concerto profissional na Europa. Do programa faziam parte o *Quinto concerto para piano e orquestra* de Beethoven e a *Quinta sinfonia* de Tchaikovsky. O solista seria Erik Heidsieck, pianista de talento e herdeiro da famosa vinícola que produzia um dos champanhes mais finos do mercado.

Os concertos de outono se faziam no Teatro Tivoli, na verdade um belíssimo cinema antigo, cuja sala era cedida para os concertos da emissora. Encontrei-me, assim, pela segunda vez com a orquestra e tivemos uma semana agradabilíssima de ensaios. O programa não era nem desconhecido nem dos mais difíceis. Entretanto, para um jovem de vinte e um anos, a empresa era uma aventura de vida ou morte. O concerto, que fazia parte de uma série, assistido por uma plateia seleta de lisboetas ultraconservadores, foi um enorme sucesso. A crítica saudou-me naquela ocasião — nunca mais me esqueço dessa frase, até porque poucas vezes tive crítica tão embasbacada — como "um caso à parte na minha geração, que havia reinventado uma obra tão batida e que oferecia já poucas possibilidades de espanto". O importante, porém, é que essa declaração partiu de um crítico feroz, cujo costume era destruir de forma impiedosa os artistas que ousavam se apresentar por aquelas paragens.

Resultado: pouco depois desse estrondoso *début*, Pedro Prado propôs-me reger a *Nona sinfonia* de Mahler no ano seguinte. Mas aí o buraco já era mais embaixo. Aos vinte e um ou vinte e dois anos, aventurar-se pelos labirintos mahlerianos é uma empresa quase suicida. A *Nona sinfonia* do compositor é das obras mais complexas e longas do repertório sinfônico. Para um jovem inexperiente tratava-se de uma inconsciência. Por outro lado, só um jovem inexperiente é mesmo capaz de cometer tal inconsequência ingenuamente. Aceitei o desafio que hoje titubearia em aceitar...

Não sei quantas horas passei debruçado sobre essa obra colossal, comparável na literatura a um *Doutor Fausto* de Thomas Mann ou a um *Ulisses* de James Joyce. Tampouco ouso afirmar o quanto fui capaz de captar e entender daquele mundo. Tecnicamente estava preparado para conduzir a orquestra pelos tortuosos desvios mahlerianos. Mas é como um pianista superdotado que aos catorze anos, tecnicamente preparado, aventura-se pela sonata *Hammerklavier* de Beethoven. Quanto do verdadeiro conteúdo desse monumento o garoto consegue entender e interpretar? Só o tempo e a experiência musical de uma vida permitem uma compreensão profunda de uma obra desse calibre. Assim, devo confessar que ignoro completamente o resultado do concerto. Não ignoro, entretanto, a minha felicidade de ter passado aquela hora e pouco viajando com a orquestra por mares nunca dantes por mim navegados.

Ao final do concerto, exausto e feliz, recebia os cumprimentos dos amigos e conhecidos. Entre outros veio falar-me o indefectível Pedro Prado, acompanhado de seu amigo José Manuel Serra Formigal, trovejante e falador, um exemplar ibérico típico, simpático e atraente. Serra Formigal era advogado, amantíssimo de música e, sobretudo, da lírica. Era ele naquele momento o diretor do Teatro da Trindade, uma espécie de *Opéra Comique* de Lisboa, que servia de alternativa ao mais famoso Teatro Nacional de São Carlos, a principal casa de ópera do país, considerada por muitos o mais importante teatro italiano de ópera fora da Itália. O Teatro da Trindade apresentava principalmente cantores portugueses e ali se encenava um pouco de tudo, desde a ópera italiana até a revista musical, que em Portugal atraía um grande público.

Serra Formigal, aparentemente entusiasmado com a minha *Nona* de Mahler, perguntou-me sobre a minha relação com a ópera. Na verdade minha relação com o gênero lírico tinha sido muito esparsa e pouco profunda. Eu era mais um sinfônico, do que se chamava no meio de "um operário". Meu conhecimento do repertório lírico era limitado. Assisti a inúmeras récitas quando estudante em Viena, cursei o curso de ópera da Academia e ouvi e toquei ao piano um número razoável de óperas que iam de Mozart a Puccini e Verdi. Não me considerava de jeito nenhum um regente lírico, nem tinha imaginado (e, para ser sincero, nem desejado) que a minha carreira me empurrasse para essas praias. Mas minha reação à pergunta do diretor do Teatro da Trindade foi tão inconsequente quanto a minha aceitação da *Nona* de Mahler. "Sou louco por ópera!", respondi imediatamente. "Imaginei", exclamou Serra, "ao ouvir o seu Mahler, numa interpretação tão dramática! Também sou louco por Mahler." Fiquei esperando para ver o que vinha por aí. "O maestro gostaria de reger uma ópera no Teatro da Trindade?" Não titubeei: "Com o maior prazer." Serra explicou-me então que tinha a ideia de montar uma *Madama Butterfly* de Puccini, e que já tinha contratado um jovem tenor argentino, Luis Lima, com uma belíssima voz e que seria o único não português do elenco. Luis Lima em seguida à nossa *Butterfly* fez uma brilhante carreira que o levou aos maiores teatros líricos do mundo. Para o personagem de Cio Cio San tinha sido chamada a portuguesa Ana Lagoa e na direção cênica estaria um português, Álvaro Benamor. Eu seria considerado um artista "semiportuguês", dada a minha nacionalidade brasileira.

Deixei Lisboa com esse convite no bolso, seria a minha primeira produção de ópera num contexto importante, depois de uma experiência no Teatro João Caetano do Rio de Janeiro, alguns anos antes, e da regência do *Jasager* de Brecht/Weill durante o Festival de Tanglewood. Não podia imaginar que minha carreira estaria a partir daí intimamente ligada ao repertório lírico e à cidade de Lisboa, e que eu manteria uma amizade longa e íntima com a figura singular e paternal de José Manuel Serra Formigal.

UMA *BUTTERFLY* SOCIALISTA

Minha primeira experiência lírica em Lisboa foi divertida. Foi em 1974, poucos meses depois do 25 de abril. Lisboa vivia a festa, e ainda não se sabia exatamente para que lado iria a carruagem política lusitana. A democracia era uma experiência nova e os cidadãos não sabiam bem o que fazer com ela. Cada discussão, por menor que fosse, acabava por transformar-se em comício, com as verdades e as inevitabilidades históricas voando de um lado e de outro, cada cidadão convencido de que era chegado o momento de acertar contas com o destino glorioso lusitano. Dom Sebastião tinha voltado e, naqueles dias, tinha se incorporado na figura de um general de monóculo.

Nos ensaios da orquestra a situação não era muito diferente. Consertar um erro das violas carecia de um convencimento político de grande envergadura. Os músicos no fundo desejariam fazer uma assembleia para decidir se o arco era para cima ou para baixo. Qualquer indicação do maestro para os trompetes, por exemplo, era encarada como uma intromissão violenta nas suas liberdades individuais. Qualquer gesto mais incisivo que eu fizesse provocava olhares de desaprovação, como se eu fosse o fascista odiado que veio oprimir os violoncelos. Chegamos ao fim da leitura da *Madame Butterfly*, de Puccini, com mortos e feridos espalhados pelo campo de batalha, exaustos, mas com a consciência do dever social e cultural cumprido.

Mais tarde, os ensaios de cena ofereceram dilemas parecidos. Álvaro Benamor era um encenador à antiga, que parava e mandava repetir diversas vezes os trechos em que a cena não tinha funcionado a seu contento. Não se dava por satisfeito enquanto tudo não funcionasse como ele havia pedido. Quando se tratava de repetir algum trecho com os solistas, explodia uma revolução na orquestra que se sentia explorada por ter de repetir mais de duas vezes um trecho, sem ganhar um cachê extra por isso. O coro queria reuniões sindicais para decidir se podia ou não cantar de joelhos, ou se cantar caminhando fazia parte do contrato coletivo de trabalho. A certa altura, cansado das eternas ameaças da orquestra de promover uma greve por tempo indeterminado a cada repetição, Álvaro Benamor foi até a beirada do fosso e disse aos músicos ocupados em discutir: "Peço imensas desculpas à divina orquestra...", ao que os músicos explodiram em impropérios contra o pobre encenador: "Mal-educado! Grosseiro!" Não pude conter o riso ao ver a orquestra reagir de forma tão violenta ao irônico elogio.

No fim das contas nossa *Butterfly* correu bem, foram seis récitas esgotadas, e José Manuel Serra Formigal, do Teatro da Trindade, e eu discutíamos vozes e frases líricas com paixão e entusiasmo. Na verdade, não era bem assim. Formigal, brilhante advogado trabalhista, tinha pouco conhecimento teórico de música, mas é uma das pessoas que mais entendem de vozes e ópera que conheci em minha vida. Durante as semanas em que estive trabalhando na *Butterfly* e nos anos que mais tarde tive o prazer de conviver ao seu lado, aprendi mais sobre essa matéria do que em todos os anos de Academia em Viena. Formigal foi quem me abriu os ouvidos para os diferentes timbres e metais nas vozes, foi quem me explicou como melhor escolher um elenco, sempre baseado nas características vocais de cada cantor, como respeitar os limites de cada voz, fazendo com que ela soasse o melhor possível dentro de suas possibilidades, em vez de forçá-la a enfrentar desafios que não tinha condições de vencer, por mais que o próprio cantor achasse que pudesse. Ensinou-me como pedir ao cantor que usasse a técnica e que não cantasse, ao contrário, sobre a voz, gastando o material precioso que tinha. Dizia que era preciso cantar "sobre os juros" (técnica) e não "sobre o capital" (voz), para que a carreira fosse a mais longeva possível. Citava Alfredo Kraus e Bidu Sayão como exemplos de cantores inteligentes, e fez-me entender o que era essa inteligência específica.

Serra Formigal ensinou-me ainda muito mais: como dirigir um teatro, como lidar com as massas de um teatro de ópera. Meu contato com Serra Formigal foi interrompido ao final da temporada da *Butterfly* no Teatro da Trindade.

Pouco tempo após a nossa aventura lírico-sindical, a situação política portuguesa tomou rumos bem mais radicais, o Teatro da Trindade acabou fechando, e Serra Formigal, como tantos outros que simplesmente trabalharam durante o regime salazarista foi tachado de fascista e afastado de qualquer função pública. Voltou a suas funções de advogado, das quais, aliás, sobrevivia muito melhor. Foi só anos mais tarde, quando Portugal recuperou-se de seus excessos, que na verdade compensavam o longo período de ditadura de direita, que Serra voltou à cena, mas dessa vez como presidente do Conselho de Administração do prestigioso Teatro Nacional de São Carlos, a Ópera Nacional Portuguesa. Isso foi em 1981. Tínhamos um encontro marcado.

Em 1981, eu havia acabado de ser despedido de todas as funções musicais que exercia no estado de São Paulo, e procurava com todas as forças um espaço para voltar à Europa como regente. Meu empresário, Walter Beloch, insistia que eu mudasse imediatamente para a Europa para de lá tentar a minha inserção no meio orquestral ou lírico. Combinamos que eu faria uma viagem de "inspeção e reconhecimento" em janeiro de 1982. Pouco tempo antes de nossa partida, Walter, conversando com Serra Formigal em Lisboa (sem saber das nossas experiências puccinianas anteriores), ouviu deste que o diretor musical do Teatro São Carlos, maestro Luis Antonio Garcia Navarro, havia deixado o seu posto, após a mudança do Conselho de Administração. O antigo conselho não havia levado muito em conta a prata da casa e as massas o acusavam de elitista. O teatro tinha agora um novo conselho e buscava um novo diretor musical. Formigal estava com dificuldades em achar um maestro português para assumir o posto e perguntou se Walter sabia de alguém que falasse ou entendesse português e que tivesse disponibilidade e capacidade para enfrentar essas responsabilidades. Walter, com a ousadia e coragem que têm os empresários empreendedores, respondeu imediatamente que tinha o homem certo para aquele lugar: John Neschling, regente brasileiro que "por acaso" estava livre naquele momento. Serra lembrou-se imediatamente da nossa *Butterfly* e ficou interessadíssimo na minha colaboração. Walter contou então uma história mirabolante, de como eu havia brilhado como regente lírico em dezenas de teatros mundo afora, de como seria um privilégio ter-me como diretor em São Carlos e outras invenções que tais. Serra fingiu que acreditou em tudo e pediu para que eu, quando fosse para a Europa em janeiro, passasse por Lisboa para termos um encontro.

Durante um jantar no Grêmio Literário de Lisboa, um dos espaços mais tradicionais da capital, respirando o mesmo ar que Camilo, Eça e Herculano respiraram há décadas, Serra, depois de festejar efusivamente nosso reencontro, contou-me das dificuldades políticas que enfrentava. Falou-me do seu interesse em contratar-me, lembrando o bom trabalho que havíamos feito em 1974. Entretanto as dificuldades só poderiam ser vencidas caso o pedido viesse da orquestra. Nesse caso ele se sentiria apoiado para impor a minha contratação. As temporadas europeias vão de outubro a junho. Portanto havia ainda cinco a seis meses já programados naquela temporada. Propôs-me que eu assumisse a regência de *Oedipus Rex* e *Mavra*, um *double bill* strawinskiano, em novembro de 1982. Perguntou se eu já havia regido aquelas obras. *Mavra* é uma ópera raramente produzida em qualquer lugar do mundo – uma comédia lírica que Stravinsky compôs em 1922, da qual eu, sinceramente, nunca tinha ouvido falar. *Oedipus Rex*, sim, eu conhecia, como tantas outras obras-primas de Stravinsky, sem, porém, ter nenhuma intimidade com a peça. Para dizer a verdade, nunca tinha tido a partitura nas mãos. Minha resposta, imediata, foi clara: "Conheço perfeitamente as obras, estou pronto para assumir a direção a qualquer momento!" Mais uma vez Formigal, com sua grande sabedoria, fingiu acreditar e, sorrindo, disse: "Então está fechado! Depende tudo de você. Estratégia!"

O resto da viagem europeia foi uma celebração. Havia uma luz no fim do ano. O negócio era sobreviver até lá, com minhas aulas particulares e minhas composições para teatro. E, sobretudo, estudar, estudar e estudar. Decidi chegar a Lisboa tão preparado de modo que pudesse, se quisesse, reger as duas óperas de memória. Só não o fiz porque, como o grande maestro Knappertsbusch costumava dizer, sei ler partitura...

O ano passou depressa. Em novembro apresentei-me em Lisboa pronto para os ensaios. Minha experiência lírica até aquele momento não era maior do que quando regi a *Butterfly* no Teatro da Trindade. Tinha tudo a aprender. Faltavam-me os *"anni di galera"*, como disse Verdi, referindo-se aos imprescindíveis anos de aprendizado como grumete, aprendiz, assistente, correpetidor ou o que seja. Joguei-me com todo o ardor no trabalho de ensaios com os cantores e com o encenador, estudei a cena e conhecia cada movimento dos protagonistas. Estive presente em cada um dos ensaios musicais com piano, e os ensaios de leitura com orquestra correram esplendidamente. Talvez o fato de que ninguém da orquestra conhecesse bem as obras tenha me ajudado. Imagino que se tivesse que reger *Tosca* ou uma obra do *bel-canto*, teria tido muito mais dificuldades, vítima das inúmeras arapucas e armadilhas que esses estilos armam a um regente desavisado.

Os cantores em Stravinsky não têm direito às liberdades interpretativas oferecidas aos cantores nas obras de Verdi ou Bellini. Não há cadências mortais para serem acompanhadas, nem tradições não escritas a respeitar. Dependem em grande escala da precisão e das entradas do maestro. Sabia até o texto russo de *Mavra* de cor, embora não entendesse patavina do que estavam dizendo. O latim de *Oedipus* já era mais a minha praia.

Depois do ensaio geral, Serra Formigal me chamou à sua sala. O Teatro São Carlos é uma das casas de ópera mais belas da Europa. Construída pelo mesmo arquiteto do Teatro La Fenice de Veneza, parece muitíssimo com este último. O La Fenice privilegia a cor azul e o São Carlos o vermelho. Dourado abunda nos dois teatros. A sala do presidente do conselho poderia ser o salão de baile de um palácio clássico. Serra, num canto do salão parecia Scarpia, no segundo ato da *Tosca*, atrás de sua escrivaninha. Sentei-me à sua frente, pronto para o que desse e viesse. "Aconteceu o que eu queria", disse Serra exultante, "a comissão da orquestra veio ontem a mim, e o indicou como o candidato deles para a direção musical do teatro."

Senti o chão fugir sob os meus pés. Saía, aos trinta e cinco anos, de uma situação de desemprego no meu país, sem perspectivas de seguir adiante na carreira, para um posto de diretor musical de um importante teatro de ópera europeu, e o que era mais preocupante, pouco preparado para enfrentar o repertório lírico que me esperava.

Contive o máximo que pude o meu espanto, perplexidade e felicidade. Serra, pela terceira vez, não se deixou enganar pelas minhas táticas diversionistas. Dessa vez foi claro: "Maestro, o que importa é o seu talento, sua vontade e seu trabalho. Tenho confiança que você conseguirá enfrentar esse repertório com brilho. Eu estarei aqui para ajudá-lo. Acredito em você."

Quantas vezes na vida nos deparamos com personalidades assim? Quantas chances dessa natureza a vida nos oferece? Creio que o importante é estar preparado para agarrá-las quando elas passam voando na nossa frente. Seria mais fácil ignorá-las ou negá-las.

Naquele momento nascia minha segunda carreira de maestro. A primeira tinha sido interrompida quando, numa das inúmeras tentativas de encontrar minhas raízes, voltei ao Brasil após ser premiado na Rupert Competition da London Symphony Orchestra em 1973. Durante quase dez anos vivi no Rio de Janeiro e em São Paulo, compondo para cinema e teatro, dando aulas e regendo eventualmente. A segunda carreira começava ali, e continuaria em março de 1983, quando teria que dirigir uma produção do *Barbeiro de Sevilha* de Rossini. Em seguida, em abril, teria que reger o *Trittico* de Puccini. Aí sim é que a porca iria torcer o rabo. Arranjei as partituras, comprei os discos e logo após o final das récitas strawinskianas me mandei para o Rio de Janeiro pronto para me encerrar num quarto e passar o verão carioca estudando, aprendendo, ouvindo e rezando para que as circunstâncias em Lisboa em março me fossem tão favoráveis como as anteriores.

MEUS DOIS MUNICIPAIS

No ônibus que me levava todo o dia de Botafogo a Copacabana, depois do colégio secundário, eu viajava sempre ao lado de Eduardo Álvares, meu colega de turma. Eduardo tinha descoberto que eu era maluco por música, e tínhamos começado a conversar na sala de aula. Essa conversa durou anos. Houve um dia em que, nesse ônibus, Eduardo me perguntou se eu gostava de ópera. Eu me considerava um "sinfônico", a ópera para mim era um gênero que eu havia explorado pouco e pelo qual não havia tido maior interesse. Mas, para não dar o braço a torcer naquele momento, respondi que sim, claro, gostava e conhecia. Eduardo perguntou que discos de ópera eu tinha em casa, e lembrei-me que possuíamos uma gravação dos *Pagliacci* de Leoncavallo, com Mario Del Monaco no papel título. Eduardo era um jovem formidável, fantasioso e criativo, de uma simpatia esfuziante. Propôs que fôssemos até a minha casa para ouvirmos juntos a gravação que eu ouvira apenas uma vez, e sem grande atenção. Eu sabia que havia na ópera uma ária com alguma referência a "ridipalhaço", e achava tudo aquilo um pouco vulgar.

Quando pusemos o disco na vitrola, a expressão de Eduardo transformou-se: ele passou a viver cada compasso daquela música de uma forma que eu só identificava comigo mesmo ao ouvir meus concertos e minhas obras preferidas. De repente, Eduardo abriu a boca e começou a cantar. Um mundo novo se abriu para mim naquele momento. Eduardo era um instrumento. Um instrumento perfeito e que não necessitava de nada além do seu próprio corpo. As cordas estavam lá, a caixa acústica estava lá, o ar estava lá. Meu grande amor pela voz humana, pelo canto lírico, nasceu naquele instante. Eu não sabia quem estava cantando, se Del Monaco no disco ou se Eduardo na nossa sala.

Desde aquele nosso encontro musical, convenci-me de uma realidade: as grandes vozes não são adquiridas com o estudo de canto, são somente bem ou mal desenvolvidas, dependendo da inteligência do professor e sobretudo da inteligência vocal e musical do aluno. O que não tem nada a ver com a inteligência que utilizamos no dia a dia.

O Brasil sempre foi um celeiro de grandes vozes. Durante muitas décadas, o Rio de Janeiro apresentava anualmente temporadas líricas importantes. Vozes como as de Diva Pieranti, Paulo Fortes, Zacaria Marques, Lourival Braga, Fernando Teixeira, Ida Micolis, Gloria Queiroz e Assis Pacheco poderiam ter feito grandes carreiras nas grandes casas de ópera do mundo, e alguns a fizeram enquanto quiseram. Aqui, esses artistas cantavam anualmente num grande número de produções, às vezes participando de elencos que tinham também grandes nomes da lírica internacional. Bidu Sayão e João Gibin cantavam com grande sucesso nos EUA e na Itália, e até hoje, embora a nossa produção lírica tenha diminuído drasticamente, o Brasil, misteriosamente, produziu e continua a produzir cantores excepcionais.

No início dos anos 1960, porém, Eduardo e eu íamos semanalmente ao Teatro Municipal ouvir récitas das temporadas. Montavam-se oito a nove títulos por ano, o Municipal era quase um teatro de repertório.

Essa é a condição primeira para que as vozes possam se desenvolver organicamente. Quando as oportunidades de cantar são reduzidas, os cantores aceitam o que lhes é oferecido e não aquilo que caia bem na sua voz. Com pouco tempo de carreira, essas vozes, desrespeitadas na sua essência, sofrem as consequências nefastas dessa violência. Nunca houve no Brasil um Teatro de Ópera de Repertório, com um elenco fixo, a quem fosse oferecida a possibilidade de sobrevivência tanto material quanto artística decente.

Minha primeira experiência como ouvinte lírico tinha sido uma récita da *Bohème* de Puccini, à qual fui levado por uma tia. Não faço ideia de quem cantava, mas não me surpreenderia se tivesse sido Lia Salgado, mulher do então ministro da Educação, Clóvis Salgado. Durante sua gestão e dos anos em que tinha influência política e cultural, sua esposa cantou a Mimi, jovem tísica, à exaustão.

Certa vez, no Teatro Municipal, passou-se uma dessas histórias que só na ópera é possível se encontrar: o primeiro ato da *Bohème* passa-se no sótão parisiense de quatro jovens, que vivem a vida de boemia com o dinheiro que conseguem eventualmente com a venda de textos ou quadros bissextos. A certa altura três dos rapazes resolvem ir à rua divertir-se, e Rodolfo, jovem escritor, fica sozinho para trás, escrevendo o final de um artigo para o seu jornaleco. Assim que se volta para o trabalho, alguém bate à porta, e Rodolfo espantado quer saber quem é. Evidentemente trata-se de Mimi, jovem costureira, e desse encontro decorre toda a belíssima trama que faz da *Bohème* uma das óperas preferidas de todos os tempos. No entanto, no Rio de Janeiro, ninguém mais queria ouvir cinco sextos da ópera cantados por dona Lia, então uma vetusta senhora com dificuldades vocais, que já não conseguia fazer com que o público vertesse as indefectíveis lágrimas no quarto ato. Portanto, um belo dia, quando Rodolfo, mais uma vez espantado, pergunta quem batia à sua porta tão inesperadamente, um ouvinte calejado levantou-se na plateia sonolenta e gritou: "Não abre, não abre que é a dona Lia!"

Muitas das grandes realizações culturais do século XX foram obras de vontade política, fossem quais fossem os motivos secundários que as inspiraram. Estou convencido de que um político inteligente e esperto, mesmo que não seja especialista na área da cultura, da educação ou da saúde, pode fazer mais por essas áreas do que um técnico que tente impor o seu selo, sua marca ou ideologia pessoal em áreas que necessitam mais de bom-senso e escolha correta de colaboradores do que de teorias e escolas personalistas.

Hugo Carvana havia sido nomeado presidente da Funarj, Fundação de Artes do Rio de Janeiro, durante o governo Brizola e convidou-me para ser o diretor do Teatro Municipal do Rio de Janeiro. Antonio Pedro, velho amigo e companheiro de trabalho, tinha sido chamado para assumir a direção dos teatros da Funarj e começamos a trabalhar num ambiente conturbado que acabou por nos derrubar a todos. Obviamente, tínhamos bagagem e projetos, mas infelizmente não houve discussão prévia que determinasse com alguma clareza qual a "política" a ser seguida na administração daquele que deveria ser o cartão de visitas da música erudita do estado.

Meu primeiro erro foi não ter desistido da empreitada ao notar que as instâncias superiores não iriam apoiar meus esforços em produzir música sinfônica e lírica de boa qualidade. Minha pouca experiência e minha vaidade fizeram com que eu quisesse ser diretor do teatro que marcara a minha infância e adolescência como um espaço mítico, um Olimpo inatingível.

Os corpos estáveis do Teatro Municipal do Rio – orquestra, coro e corpo de baile – são compostos de funcionários públicos. Essa característica, que não é privilégio das orquestras e teatros brasileiros, tem condenado um sem-número de conjuntos e casas de espetáculo pelo mundo afora a problemas crônicos.

Os artistas do Teatro Municipal trabalham meio expediente. Os ensaios são pela manhã e, se necessários à noite, sendo que, nesse caso, não há ensaio matinal. Evidentemente quando há espetáculo, não há ensaio. Esse privilégio é considerado "direito adquirido" e qualquer tentativa de discutir o assunto esbarra numa barreira corporativista praticamente inexpugnável. Evidentemente baixos salários, falta de perspectiva artística, os maus-tratos crônicos a que os artistas têm sido expostos (o que tem um efeito catastrófico na sua autoestima), a falta de infraestrutura (degradação do local de trabalho, de apoio para compra de instrumentos etc.) não têm contribuído para uma negociação tranquila.

Anos mais tarde, durante a gestão de Fernando Bicudo à frente do teatro, fui convidado para reger uma produção de *Norma* de Bellini. A indisciplina era demolidora. Quando a situação foi chegando perto do teatro do absurdo, uma discussão explodiu na orquestra e os músicos pediram um intervalo, durante o qual decidiram que fariam o mínimo necessário para que a obra fosse executada, sem participação emocional alguma. Eu não via nenhum sentido ou necessidade de passar por aquela tortura e informei que, se nos próximos dez minutos a postura da orquestra não mudasse radicalmente, eu abandonaria o trabalho. Após breve pausa, os músicos começaram a trabalhar seriamente. Nunca mais regi no Municipal do Rio de Janeiro.

Minha passagem pela direção do teatro foi marcada pelo paradoxo de não ter apoio político e por confrontos violentos com a corporação dos funcionários quando, sem a preparação necessária, tentei introduzir modificações estruturais no sistema de trabalho. Teria sido importante resolver a perversão da relação custo/benefício, maximizar a qualidade da produção em relação aos custos do teatro. Esse último item, claro, encontrava eco imediato nos superiores: diminuir os custos. Ninguém, no entanto, pensava em aumentar a qualidade ou em enfrentar uma luta complicada contra o *status quo*, o que certamente significaria carregar um ônus político a curto prazo, que é o único que interessa aos políticos mais preocupados com reeleição.

Meu segundo erro foi o de não ter entendido a desconfortável situação de encontrar-me entre a cruz e a espada. Tendo que enfrentar uma atitude francamente agressiva da orquestra, e ouvir do secretário da Cultura que seria fundamental convidar a cantora de partido-alto, Clementina de Jesus, para apresentar-se no Municipal, para que este fosse levado para mais perto do "povo" e para que a cantora fosse finalmente alçada à importância que merecia ter, fui expelido da máquina sem nenhuma compaixão de nenhum dos lados. Ainda tentei argumentar dizendo que no dia em que o Quarteto da Guanabara fosse convidado para tocar num terreiro de partido-alto, para gáudio da população, entenderia a razão do intercâmbio proposto. Nada de preconceitos, apenas respeito às linguagens e a seus locais de expressão.

Pouco restou da minha curta administração: uma produção medíocre do *Elixir do amor* de Donizetti, vaiada sistematicamente em virtude da pouca qualidade musical, de minha responsabilidade, da direção ousada de Antonio Pedro e dos cenários ingênuos de Gianni Ratto. O diretor resolveu apresentar o Elixir Universal do doutor Dulcamara como um vinho afrodisíaco, que além de embebedar Nemorino, deixava Adina cheia de desejo. Os frascos do famoso elixir eram apresentados em garrafinhas em forma de pênis, o cenário eram morros representando peitos femininos, cujos bicos eram igrejinhas. O público não perdeu a oportunidade de nos brindar com vaias históricas, sempre às onze da noite, às quais nem eu nem Antonio Pedro nos furtávamos, encarando a plateia com sorrisos cínicos, que por sua vez eram respondidos por apupos redobrados. Não é uma contenda da qual me lembre com orgulho.

O crítico de música de *O Globo* naquela época, uma figura controversa, disse, no meio das acusações que se seguiram à minha demissão, que minha única virtude na administração do teatro tinha sido a invenção da porno-ópera. Dada a ineficácia do meu trabalho à frente da casa que mais amo e temo, acho até que ele tinha um pouco de razão.

A CIDADE E SUA ORQUESTRA

Era outubro de 1996. Eu estava em Trieste, uma bela cidade ítalo-austríaca, dirigindo a orquestra do Teatro Verdi, um dos poucos teatros de ópera à beira-mar, numa série de concertos sinfônicos, quando recebi um telefonema de Marcos Mendonça. Eleazar de Carvalho havia falecido e a guerra do "rei morto, rei posto" tinha começado com toda a sua fúria. Mendonça precisava anunciar logo o sucessor do velho leão, e queria saber se eu estava disposto ou não a sê-lo. Havia dois meses, mais ou menos, eu lhe enviara o longo fax, com minhas sugestões para a reestruturação da Osesp. Não havia recebido nenhuma resposta e isso não me surpreendia. A fórmula que eu sugerira era tão radical que eu não esperava que pudesse ser aceita. No entanto, não me sentia disposto a assumir a direção artística da Osesp se minhas ideias não fossem discutidas a fundo e se não houvesse uma hipótese real de levá-las adiante, mesmo que a médio prazo. Disse a Marcos que esperava uma conversa pessoal e que não via possibilidades de isso acontecer antes do final do ano. Minha agenda estava lotada, e culminava com a produção de abertura da ópera de Washington, inaugurando a direção de Plácido Domingo. Faríamos reposição do *Guarany* de Carlos Gomes, que tínhamos levado aos palcos e gravado em 1996 em Bonn, na Alemanha. Plácido cantaria mais uma vez o papel de Pery, e Werner Herzog adaptaria a sua direção original ao Kennedy Center. Normalmente é difícil explicar aos dirigentes culturais brasileiros que as agendas no mundo da música clássica e da ópera são preparadas com dois a três anos de antecedência. Muitas vezes, nos anos anteriores, fui obrigado a recusar convites para apresentações ou produções no Brasil, feitos na última hora. Aliás, essa noção de "última hora" é que era problemática. Três a quatro meses de antecedência eram considerados "longo prazo" para quem me convidava. Alguns devem ter interpretado minhas recusas constantes como manifestações de soberba ou prepotência. Juro que, nessas ocasiões, tais pecados não me acometeram.

De qualquer maneira, ficou combinado que Marcos Mendonça iria a Washington em novembro, para conversarmos mais detalhadamente e que em seguida, depois do término das récitas, eu passaria alguns dias em São Paulo, caso até lá estivéssemos convencidos da viabilidade dos planos.

Dias depois, ainda em Trieste, comecei a ser bombardeado por telefonemas de músicos, querendo saber da veracidade do projeto que me traria de volta a São Paulo. Disse sempre a verdade a todos: o convite fora feito, minhas propostas estavam na mesa, o futuro dependia de negociações que seriam certamente mais demoradas do que o comum. Só uma vez tive que reagir com mais clareza: quando uma pessoa ligada à velha estrutura da Osesp telefonou-me para pedir que eu aceitasse o convite próforma, para evitar que aventureiros lançassem mão da orquestra, sobretudo aqueles que ela considerava inimigos do velho mestre. Disse-me que havia candidatos perfeitamente preparados para o cargo de regente, citando um jovem que eu conhecia e que, a meu ver, não tinha absolutamente o preparo artístico e humano para assumir tal responsabilidade. A essa proposta, reagi com agressividade: se aceitasse qualquer convite seria para valer. E manter a orquestra do jeito que estava seria um contrassenso que não me passava pela cabeça.

Minha convicção de que uma orquestra deveria integrar-se ao cotidiano de uma cidade, transformando-se num ícone dela e objeto de orgulho de seus cidadãos, havia surgido há muito, e a experiência de menino no Rio de Janeiro ao assistir à OSB me inspirou desde sempre.

A Orquestra Sinfônica Brasileira foi um ícone da música no Rio de Janeiro. Antes de Eleazar de Carvalho, tinha sido dirigida por um imigrante fugido da Alemanha e do nazismo, Eugen Szenkar. Szenkar foi o regente (com uma bela carreira na Europa) refinado e culto que transformou a OSB num conjunto modelar no Brasil. Nessa época, fugidos da Segunda Guerra e dos nazistas, grandes músicos tocaram na orquestra. Ricardo Odnoposoff, que havia sido concertino na Filarmônica de Berlim, foi durante anos o spalla da OSB. Erich Kleiber regeu no Rio o ciclo de todas as sinfonias de Beethoven.

Eleazar de Carvalho ficou à frente da OSB durante quase duas décadas, até ser expulso da orquestra num *coup d'état*. O maestro se encontrava nos Estados Unidos e quando voltou ao Brasil soube de seu defenestramento. Nunca mais regeu a OSB em sua vida, para prejuízo evidente da orquestra.

Quase todos os domingos de manhã, entre os anos 1958 e 1964, o programa era ir ao Teatro Municipal do Rio de Janeiro ouvir a Orquestra Sinfônica Brasileira nos Concertos para a Juventude, regida muitas vezes por Eleazar de Carvalho. Os concertos eram às dez da manhã e eu pegava o lotação logo cedo para chegar ao Municipal antes que as portas se abrissem. Muitas vezes, nessas viagens, encontrava Eleazar sentado no mesmo ônibus, com sua partitura aberta, inteiramente absorto, e nunca tive a coragem de abordá-lo para lhe dizer da minha imensa admiração e paixão.

Já no teatro, eu ocupava sempre um lugar na primeira fila à direita, no balcão nobre. Sentava-me ansioso por ver entrar a "minha" orquestra, sabia de cor os nomes dos músicos, Braz Limonge Filho, oboísta, Moacir Liserra, flauta, Noel Devos, fagote, e José Botelho, clarinete. Um quarteto de responsabilidade e a OSB tocava com orgulho e dignidade. Os solistas eram músicos famosos ou jovens brasileiros, vencedores dos concursos que a OSB organizava: ouvi Nelson Freire, Antonio Guedes Barboza (de uniforme do Colégio Pedro II), vi Bernardo Federowsky e Cleo Goulart regerem, ambos alunos de Eleazar, e ouvi o repertório mais diversificado.

Essa vivência foi fundamental para minha convicção de que a Osesp tinha que ser a orquestra dos paulistanos. Foi nesse sentido que criamos o slogan "Pode aplaudir que a orquestra é sua", que acompanhou o crescimento exemplar do número de assinantes de mil e duzentos a quase doze mil em 2009. E só assim vejo condições de exigir do poder público o apoio necessário para manter uma instituição cara e delicada como uma orquestra viva e saudável. Ficava radiante ao ser abordado pelo público da Osesp com sugestões para os problemas da "nossa" orquestra. Esse fato, tão comum em outras orquestras no estrangeiro, de vestir a camisa da orquestra de nossa cidade – e que faz, por exemplo, com que os ouvintes de Boston quase não se interessem por nenhuma orquestra convidada –, foi fundamental para o sucesso de nossa empreitada. Uma verba pequena injetada num projeto que não crie raízes e que não tenha significado social é dinheiro jogado fora. Um orçamento grande, aplicado numa orquestra cujo retorno social seja palpável e cujo resultado educacional seja perene e que seja desejada por uma parcela definida da população, será sempre bem aplicado.

Obviamente, eu estava muito ansioso com a possibilidade de assumir a Osesp, mas sabia que era necessário, numa negociação como essa, seguir o conselho de Drummond e "de uma grave paciência ladrilhar as minhas mãos". Portanto fugi dos curiosos e me dediquei integralmente ao meu trabalho na Europa.

Tive tempo para estabelecer critérios que apresentaria em São Paulo, durante a minha visita no mês seguinte. Impus, porém, uma condição que considerava imprescindível: como se tratava de procurar e avaliar um local que pudesse servir de sede para a orquestra, eu precisaria, em São Paulo, da presença de um técnico de uma das maiores empresas de acústica do mundo, a Artec, de Nova York. Já havia trabalhado com eles, na Suíça, e vira salas impressionantes de sua lavra, como a de Birmingham e a de Dallas. Sabia que estavam a ponto de construir a nova sala de Lucerna e a ópera de Singapura. O grande técnico responsável pela empresa era Russell Johnson, considerado por todos nos meios sinfônico e lírico como o "papa" da acústica. Não encontrei resistência à vinda da Artec a São Paulo. Era uma prova: o estado concordou com essa primeiríssima exigência de qualidade. Eu iria a São Paulo.

Eu tinha marcado com Chris Blair, um dos especialistas em acústica da empresa, a data de nosso encontro em São Paulo. Ainda meio incrédulo, mas já percebendo um movimento inusitado, parti para o Brasil para encontrar depois de muito tempo aquela que seria a orquestra com que iria trabalhar intimamente durante os anos seguintes, e para tentar estabelecer na minha terra os parâmetros de qualidade que tinha aprendido a respeitar e exigir, em nome de uma sobrevivência musical digna.

UM MILAGRE POR DIA

Depois das minhas experiências paulistas da época da Orquestra Sinfônica Juvenil, da docência na Unesp e da direção artística do Teatro Municipal, meu sentimento ao chegar a São Paulo não era dos mais otimistas. Continuava duvidando muito da possibilidade de chegar a um acordo com o governo, mas estava disposto a levar até o fim essa tentativa que me parecia bem-intencionada. Hospedado num flat no Jardim Paulista, fui até a Secretaria da Cultura, mal instalada num prédio na Consolação. O secretário conversou um pouco comigo e partimos logo para o Memorial da América Latina. Lá, a orquestra estaria me esperando para que pudéssemos fazer uma primeira avaliação das condições acústicas do auditório e para que eu a ouvisse ensaiando.

O Memorial da América Latina, na Barra Funda, é um complexo de prédios projetados por Oscar Niemeyer, comissionados por Orestes Quércia quando este era governador do estado. Como tantas obras monumentais do governo, o memorial nunca chegou a preencher o espaço sociocultural para o qual fora projetado. O Parlamento Latino-Americano, que se encontra em seu meio, poderia ter sido uma obra visionária. Por enquanto, andava vazio e abandonado. Assim como o salão de Atos, um espaço belo e nobre. Exposições de maior ou menor importância são montadas em seus espaços, e o grande auditório servia mais como uma casa de aluguel para seminários e concertos clássicos ou pop. Faltava-lhe uma linha ideológica e uma prática programática que o transformasse num espaço cultural atuante na cidade.

As grandes obras de Niemeyer são cuidadas como monumentos intocáveis, o que faz sentido, já que interferências de ordem prática podem afetar a concepção arquitetônica dos projetos. Na maioria das vezes, o que acontece quando o poder público tem a possibilidade de interferir na obra arquitetônica, é a imediata favelização do projeto, seja com a colocação de obras de gosto duvidoso em seus espaços, seja porque se anunciam casamentos e missas de sétimo dia nas suas paredes, seja porque se destinam partes do prédio para fins eminentemente políticos ou demagógicos. Lembro que o espaço hoje utilizado para o restaurante na sala São Paulo, que tentei debalde transformar numa galeria de arte contemporânea, chegou a ser destinado para servir de bandejão para os funcionários. Essa destinação imprópria foi, felizmente, abortada a tempo. Teríamos figurado no *Guiness Book of Records* como tendo construído o bandejão mais caro de todos os tempos...

O auditório do Memorial da América Latina não foi concebido para a música, e se foi, terá sido mal projetado. Suas paredes e seu piso são cobertos por carpetes e tapeçarias, e sua forma é essencialmente antiacústica. As tapeçarias de Tomie Ohtake são certamente espetaculares, mas impedem a reverberação. Os dutos do ar-condicionado são instalados de tal forma que o barulho não permite que ele fique ligado durante os concertos. O calor é infernal, não há instalação de cafeteria e os bebedouros ficam longe do auditório. Quando chove, chegar até eles é impossível. E debaixo do sol tropical, a cabeça racha no deserto de pedra que é o enorme pátio que une as diversas construções. Não há árvores no memorial, embora eu tenha ouvido dizer que o projeto original previa verde no terreno.

O auditório foi construído em forma de arena, com plateias de ambos os lados da orquestra, o que significa que metade do público via e ouvia a orquestra de costas e o maestro de frente. A Osesp vinha há anos se apresentando nesse espaço e como o auditório era alugado frequentemente, visando angariar fundos para a manutenção do memorial, os ensaios eram muitas vezes realizados no restaurante da instituição. Desnecessário explicar por que essa prática não estimulava a qualidade do conjunto, nem ajudava a manter alto o moral de seus músicos.

O público, no entanto, era estranhamente fiel. Pouca gente, mas sempre cem ou mais pessoas assistiam a concertos com programas rodados em mimeógrafo e anunciados na última hora. Não por vontade de Eleazar, mas por total falta de estrutura administrativa, artística e financeira que lhe permitisse fazer um trabalho razoavelmente organizado. Eleazar era cercado por uma organização arcaica e, em muitos casos, pouco competente. Ele mesmo rabiscava seus bilhetes à mão, na falta de uma máquina de escrever. Computador não era nem uma pálida imagem no fim do túnel. Brigas internas tampouco ajudavam.

Agora, em pé no topo da sala que servia aos concertos, eu via e ouvia a orquestra ensaiando a *Quarta sinfonia* de Beethoven, sob a regência de Roberto Minczuk. Era mais ou menos a qualidade que eu estava acostumado a assistir nas poucas vezes em que ia a concertos no Brasil. Ali, no memorial, fiquei interessado no maestro. Roberto regia com uma naturalidade incrível, seus gestos eram precisos e suas intenções musicais inteligentes. Vim a saber que fora a própria orquestra que havia lhe pedido que fizesse uma leitura da *Quarta* de Beethoven para que eu pudesse ensaiá-la a seguir. Não estava nos meus planos ensaiar a orquestra, muito menos a *Quarta* de Beethoven, que é difícil e exige virtuosismo dos músicos, em todos os setores da orquestra. Mas foi o que fiz, e senti enorme receptividade dos colegas, alegria mesmo de ensaiar seriamente e esperança de que nosso encontro pudesse levar a um futuro mais digno. Evidentemente alguns músicos da orquestra não respondiam tão bem quanto outros, mas o fato é que a maioria se preparara para a ocasião com mais preocupação do que o normal. Foi uma manhã cheia de energia, e terminei o ensaio com alegria e entusiasmo.

Chris Blair, técnico enviado pela Artec para estudar comigo as viabilidades de diversos locais que nos haviam sido propostos, também assistiu ao ensaio. Depois de analisar o auditório do memorial por todos os ângulos, chegou à conclusão óbvia de que aquela sala era tudo, menos apropriada para a música sinfônica. Fazia um calor de rachar, o ar-condicionado interferia vivamente na acústica. Um trabalho de adaptação seria caríssimo e não traria as soluções necessárias ao problema. Decidimos tentar buscar uma solução alternativa para a sede da orquestra, e concordamos com a eventual necessidade de adaptarmos o memorial para que ele pudesse servir de sede provisória, enquanto a sala definitiva, caso fosse encontrada, não ficasse pronta. Só nessa eventualidade valeria a pena aguentar o martírio de tocar ali.

A sigla Osesp era conhecida pelos músicos como sendo a "Orquestra Sinfônica em Sede Provisória", tal o número de teatros e salas que haviam servido aos seus ensaios e concertos. Durante os primeiros anos de funcionamento, após sua primeira revitalização no início da década de 1970, foi oferecido a Eleazar o Teatro São Pedro como local de ensaios e concertos, mas ele era pequeno e despreparado para uma grande orquestra. No entanto, o simples fato de existir uma referência geográfica única fez com que a Osesp funcionasse com certa dignidade. Não foi à toa que, exatamente naquele momento, a Osesp voltou a aparecer no cenário musical brasileiro. Pouco tempo depois, a orquestra passou pelo Teatro Cultura Artística, tocou num cinema adaptado no Edifício Copan e ensaiou no regimento Caetano de Campos, fazendo concorrência a todos os tipos de ruídos da rua e das pessoas. Era mandada de um espaço inadaptado para outro, sem compaixão.

Já no documento que havia enviado ao secretário de Cultura, eu havia frisado que em toda a história das orquestras modernas, os grandes conjuntos sempre estiveram intimamente ligados às salas que os abrigavam. Citei os mais famosos: a Filarmônica de Viena no Musikverein, a Filarmônica de Berlim na sede que foi construída especialmente para ela – a Philharmonie, a orquestra de Leipzig, que atua no Gewandhaus e a de Amsterdã, no Concertgebouw. As salas, na sua maioria, não deviam seus nomes a grandes compositores ou músicos e, muitas vezes, haviam sido construídas para outros fins, antes de serem destinadas e adaptadas às orquestras.

Uma das condições para que pudéssemos reestruturar a Osesp seria, portanto, a de achar uma sede apropriada, acusticamente adequada para dar à orquestra a oportunidade de construir a sua sonoridade, criar o seu público cativo e gravar os seus discos. Os músicos seriam, assim, dignificados e prestigiados. Eu não fazia ideia de onde essa sala pudesse ser encontrada, ou que espaço público ou privado pudesse ser reformado para esses fins. Ao confirmar que o memorial não entrava em consideração, passamos a percorrer os poucos outros espaços que tinham sido aventados, entre eles o Teatro Sergio Cardoso, velha sede da Orquestra Sinfônica Juvenil. Blair considerou todas as soluções insuficientes. Nada que nos assegurasse a qualidade indispensável para o trabalho de reconstrução de uma orquestra que estava aos pedaços. Ao final de dois dias de procura inócua, decepcionados, estávamos preparados para voltar para os países onde vivíamos. A única solução que nos restaria seria a de construir um teatro novo, num terreno ainda inexistente, o que levaria, de acordo com a minha experiência, uma geração para ficar pronto. Impossível. Eu simplesmente confirmara meus temores: a primeira das condições não poderia ser preenchida, e meu sonho de poder trabalhar seriamente no Brasil estava tão longe como sempre.

 Pouco antes de partirmos, Mario Garcia, grande amante de música sinfônica e íntimo amigo e colaborador do governador do estado, trouxe uma ideia que nos soou pura loucura. Engenheiro como Mário Covas, tinha visto a estação Júlio Prestes com o seu *cortile* interior, e achou que talvez aquele espaço servisse para a nossa finalidade. Aquele pátio vinha sendo utilizado, vez por outra, para recepções e casamentos de gente importante. Duvidei que uma estação ferroviária, ainda em serviço, pudesse servir de sede para uma orquestra. O prédio era de propriedade da Fepasa, estava ocupado por seus escritórios, ficava na zona mais degradada da cidade, conhecida como "cracolândia", e era cercado por todos os lados por camelôs e pela mais fina flor da malandragem. Difícil imaginar a Osesp tocando ali.

 Estávamos todos almoçando. Era a despedida. Tomaríamos o avião naquela noite e o sonho esvaía-se velozmente. Mario Garcia insistiu para que, antes de embarcarmos, Chris fosse visitar aquele espaço. Confesso que não tive o menor interesse. Mas para não deixar de examinar todas as hipóteses, até as mais esdrúxulas, pedi a Chris que desse um pulinho à estação. Eu esperaria na Secretaria, de lá seguiríamos para o aeroporto.

 Enquanto esperávamos no gabinete do secretário decepcionados com o fato de não termos encontrado nenhum espaço adequado, a porta se abriu e entrou um Chris Blair pálido e esbaforido. Chamou-me para um canto: "Achei o espaço com que todo o engenheiro acústico do mundo sonha", disse, "essa é a sala de concertos que toda orquestra adoraria ter." Fiquei apalermado. Pedi mais detalhes. Chris começou a dissertar sobre as características únicas que o espaço interior da estação Julio Prestes apresentava: a forma de caixa de sapato, ideal para a música sinfônica, vide Musikverein, Concertgebouw, Boston Symphony Hall e tantas outras, as medidas ideais de comprimento e largura, comparáveis mais uma vez a essas míticas salas europeias e americanas. A cubagem de ar era perfeita, uma vez que o teto poderia ser construído a qualquer altura. Enfim, havíamos achado o espaço ideal. Chris não cabia em si de excitação, e pediu-me que de forma alguma eu deixasse escapar a oportunidade de construir na América Latina uma sala de concertos comparável às melhores do mundo, sem paralelo em todo o nosso continente. "Quanto vai custar uma obra dessas?", perguntei já tomado pelo meu habitual nervosismo messiânico. "Uns trinta milhões de dólares", chutou o americano inconsequente, "um pouco mais, dificilmente menos", completou. Foi a minha hora de ficar lívido. "Secretário", exclamei, "acho que poderemos continuar conversando. Achamos o espaço ideal." Marcos sorriu como sempre. "Ótimo", disse, e depois que lhe falei das características únicas do edifício, das perspectivas de ter uma sala paradigmática, indagou com a mesma tranquilidade: "E quanto isso vai custar?" É agora ou nunca, pensei. "Pouca coisa, a ópera de Singapura, que a Artec está construindo, por exemplo, custa quinhentos milhões de dólares." "Mas isso é uma fortuna!" Reação esperada. "Claro, o nosso projeto é muito mais barato, algo em torno de trinta milhões." Todos se entreolharam. Marcos pensou um pouco e na sequência disse o que eu queria, mas não esperava ouvir: "Se a gente conseguir convencer o governador vamos adiante." "Pode marcar a audiência", eu respondi. Pedi que cancelassem minha reserva para aquela noite e a remarcassem para dali a alguns dias. Ao mesmo tempo, na despedida de Chris, que partia numa nuvem de fantasia, combinamos que a Artec nos enviaria com a maior urgência um relatório sobre a experiência paulista, detalhando o melhor possível o que achavam que poderia ser feito da estação. Queria levar ao governador algo palpável, precisava munir-me de dados. Conhecia-o de fama, sabia que podia ser mal-humorado ao extremo e descartar-se de pessoas de forma direta, sem meias palavras. Teria que achar uma forma de fazê-lo ouvir-me durante alguns minutos sem que desconfiasse de minhas intenções. Eu estava cercado de pessoas, entre elas dois secretários de governo, que conheciam meus sonhos e os respeitavam. Eu contava com elas na difícil negociação que vinha por aí.

 O dia tinha acabado de forma totalmente diferente do que esperávamos. Eu estava exausto, e lembrei-me que ainda tinha que negociar todas as outras condições com Marcos. "Um milagre por dia", pensei enquanto me levavam ao meu flat. No caminho, uma São Paulo engarrafada e quente. Comecei a olhar a metrópole com outros olhos. Só essa cidade pode sonhar dessa maneira, achei, e senti uma estranha admiração pelo burburinho que me cercava. De alguma forma comecei a acreditar que era possível mudar a realidade centenária da nossa música clássica. Era uma questão de vontade política. Sentia que ela existia.

UM ENSAIO PARA A OSESP

Eu estava na minha casa na Suíça, quando recebi um telefonema de meu agente Michel Glotz, de Paris. Alain Lombard havia acabado de se separar da Orquestra de Bordeaux, de uma hora para outra, e a orquestra precisava de um maestro dali a quatro dias para reger a *Segunda sinfonia* de Beethoven e um dos concertos para piano e orquestra. O solista seria Abdel Rachman El Basha, artista franco-libanês.

No meio musical, Lombard era conhecido como um maestro difícil. Quando jovem, foi um dos primeiros ganhadores do Prêmio Mitropoulos da Filarmônica de Nova York. Sua história em Bordeaux tinha sido de sucesso, mas controversa. Ele havia assumido uma orquestra pouco considerada, e dita "de província". A França, com seu centralismo herdado de Napoleão, encara tudo o que não é Paris como província. As orquestras de Lyon, Toulouse, Marseille e Strasbourg, por exemplo, são consideradas inferiores às de Paris, em todos os sentidos. Às vezes nem se trata da qualidade musical, mas sim da sua importância no contexto político-musical do país. Michel Plasson, por exemplo, transformou Toulouse num centro musical importante ao assumir o Théatre du Capitole e desencavar um repertório lírico e sinfônico que chamava a atenção das plateias europeias. A orquestra tinha melhorado significativamente, mas ainda assim era vista como sendo de província. Em Lyon, sob Emmanuel Krivine, o fenômeno com a orquestra nacional local era parecido.

Na França, o primeiro-ministro pode exercer concomitantemente a função de prefeito de sua cidade. Isso aconteceu frequentemente e foi o que se passou quando Chaban Delmas assumiu a prefeitura de Bordeaux junto com as funções de primeiro-ministro da França. Alain Lombard era muito ligado ao prefeito da cidade e foi chamado para assumir a Orchestre National de Bordeaux Acquitaine, que servia tanto de orquestra sinfônica da cidade e da região como de orquestra lírica para a ópera de Bordeaux. Lombard resolveu transformar a sua orquestra de província numa grande orquestra europeia. E o fez com um trabalho que levou anos e que foi como sempre, quando se tratava de Lombard, controvertido e comentado. Com grande disponibilidade financeira, Lombard resolveu enxertar sua orquestra com supersolistas (uma posição existente nas orquestras francesas) trazidos de diversas outras grandes orquestras. Trata-se, sem dúvida, de um santo remédio, mas como resolver o problema dos músicos que ocupavam as cadeiras até lá? Lombard simplesmente os mandou para casa, sem despedi-los. Seus salários continuaram sendo pagos, mesmo com os músicos afastados da orquestra. O orçamento da instituição, evidentemente, aumentou consideravelmente. Os supersolistas convidados ganhavam mais do que os demais integrantes da orquestra. Criou-se assim um sistema interno de castas, onde alguns gozavam de privilégios. Imagino que naquela época não eram comuns as ações por assédio moral. Hoje em dia todos os músicos preteridos entrariam com ações desse tipo e a situação ficaria insustentável.

O primeiro trompete e o primeiro fagote eram russos provenientes da Orquestra Filarmônica de Leningrado, o primeiro flautista inglês tocava como convidado em diversas outras orquestras, o primeiro trompista francês era excepcional e só vinha a Bordeaux algumas semanas por mês. O spalla convidado, um judeu-russo que costumava ser o primeiro violino da Sinfônica de Londres e da orquestra do Concertgebouw, só tocava algumas semanas, sobretudo quando Lombard regia. O outro spalla era um fabuloso jovem francês que acabou como primeiro violino da Orquestra de Paris. O titular do posto na orquestra de Bordeaux tinha desaparecido, num repouso obrigatório em sua casa. Essas atitudes que não permitiam contestações nem contraordens, aliadas a uma exigência disciplinar musical pouco comum nas orquestras francesas, transformaram a orquestra de Bordeaux numa das melhores do país. Contratava grandes solistas e regentes, gravou mais de quinze CDs para um selo francês importante, tinha um público apaixonado e fiel, e passou a ser grandemente respeitada não só na França, como também no exterior.

A orquestra não tinha sede própria. Chaban Delmas cedeu à orquestra o Palais des Sports, um ginásio esportivo com péssima acústica e onde cabiam mais de mil pessoas. Esse ginásio passou a ser a sede dos concertos da orquestra, que, no entanto, ensaiava num salão pouco apropriado à música sinfônica. Era desagradável o cheiro de esgoto que emanava dos subterrâneos improvisados do ginásio. Imagino quão melhor poderia ter sido a orquestra se tivesse sido contemplada, como Lombard desejava, com uma sala de concertos construída especialmente para ela.

Lombard reinou como um Luís XIV na música de Bordeaux enquanto Chaban Delmas esteve na prefeitura e no ministério. Isso, um dia, porém mudou; Alain Juppé foi eleito prefeito de Bordeaux para pouco tempo depois também assumir o posto de primeiro-ministro francês. A orquestra ganhou um novo diretor executivo. O maestro, sem o *backing* político nem apoio dos músicos, que estavam doidos por uma gestão mais complacente, foi despedido de um dia para outro, no meio da temporada. Recebeu uma indenização que lhe permitiu viver bem e continuar a sua carreira internacional. Hoje Lombard é o regente principal da orquestra da Suíça italiana, com quem mantém uma relação pacífica e amigável.

Foi nessa situação que cheguei à cidade e o concerto correu excelentemente. Meu entendimento com Abdel Rachman foi mais que profissional. Sua interpretação combinava perfeitamente com as minhas ideias acerca do classicismo pré-romântico de Beethoven. Tratei de reger uma segunda sinfonia clássica, que respeitava milimetricamente as indicações do compositor. Abandonei qualquer afetação e procurei uma interpretação clara e simples, disciplinada ritmicamente e expressiva no fraseado. O resultado foi um sucesso retumbante.

Eu não sabia, mas o concerto era o primeiro de uma série que contemplava todas as sinfonias de Beethoven e os seus concertos para piano, violino e o tríplice. Ainda na coxia, o diretor executivo me perguntou se eu estaria livre para reger os outros concertos da série. Estudamos minha agenda e constatamos que eu poderia fazer quase todos, com exceção da *Pastoral* e da *Nona*, que estavam acopladas com o concerto para violino e o tríplice. Voltei de Bordeaux para a Suíça com um belo contrato no bolso.

Durante a mesma temporada regi as diversas sinfonias e os concertos de Beethoven com Abdel Rachman e fui sempre recebido com simpatia pela orquestra, público e crítica. No decorrer do trabalho, ofereceram-me ainda outros concertos que Lombard havia deixado de fazer, e pude interpretar sinfonias de Tchaikovsky e outras obras importantes do repertório.

A orquestra havia contratado um administrador artístico, Ron Golan, um ex-violista israelense que havia sido chefe de naipe das violas na Orchestre de La Suisse Romande de Genebra que, depois de ter deixado o seu posto na orquestra, assumiu com competência a sua secretaria artística. Golan era um senhor de idade, aposentado, mas energético e entusiasmado, que trouxe a Bordeaux muita experiência e sabedoria. Ficamos amigos. Quase ao fim da temporada, uma comissão de músicos veio me procurar e perguntou pelo meu interesse em assumir a direção artística da orquestra. Respondi muito claramente que o posto me interessava desde que a qualidade que eu havia encontrado nos concertos que dirigi pudesse ser mantida. Senti uma pequena hesitação em alguns membros da comissão, mas ninguém desejava o contrário... Mais ou menos ao mesmo tempo o diretor executivo convidou-me para um almoço.

Expus-lhe a mesma condição que havia posto à comissão da orquestra. Do seu lado encontrei uma concordância mais imediata. Ron Golan ficaria durante mais dois anos como meu administrador artístico, e depois veríamos como continuar.

A capital da Acquitaine vem a ser uma cidade encantadora, com grandes avenidas e palácios que lembram Paris, sem deixar-nos esquecer o clima de interior, de província, a calma e caipirice que me haviam conquistado. Além disso, era cercada por castelos e vinícolas de uma beleza estonteante, sobretudo na primavera e no verão. A orquestra tocava muito nas cidades próximas. Os Países Bascos ignoram a fronteira franco-espanhola, e Euskadi é uma realidade linguística e cultural notável. Como a facção mais violenta dos nacionalistas bascos age quase exclusivamente no lado espanhol, em Bordeaux vivia-se tranquila e despreocupadamente.

Meu contrato previa certo número de concertos anuais e uma permanência na cidade por um determinado número de semanas por ano para preencher as funções de diretor artístico. Aluguei um pequeno apartamento no centro de Bordeaux, num velho edifício do século XVII totalmente restaurado, e preparei-me para mais esse desafio.

Em Bordeaux havia um facilitador para a programação: a cidade era facilmente alcançável de qualquer destino europeu.

Não era necessário livrar uma semana ou dez dias da agenda de um artista para reger ou tocar um concerto em Bordeaux, nem viajar onze horas para lá e onze horas para cá, como é o caso de São Paulo. E os cachês podiam, por isso mesmo, ser um pouco mais comedidos. Os renomes da orquestra e dos vinhos, não necessariamente nessa ordem, exerciam um fascínio à parte.

O orçamento da orquestra tinha sido ferozmente revisto pelos novos gestores, com quem eu me dava bem, mas que exigiam uma economia muito maior do que antes. Tivemos que baixar um bocado nossas expectativas para não superar o limite orçamentário que nos foi apresentado. Mesmo assim, dirigi belíssimos programas na minha primeira temporada, com obras que me fascinavam, entre elas uma inesquecível *Terceira sinfonia* de Mahler. A orquestra tocava muito bem, era rápida nos ensaios e a disciplina continuava rígida, embora eu começasse a perceber faltas e ausências "justificadas" e injustificadas que me preocupavam.

Dois episódios foram marcantes para que eu percebesse que talvez não fosse a hora de assumir a orquestra: durante os ensaios de uma terceira de Mendelssohn, em cujo *scherzo* as trompas, especialmente a terceira, tocam uma parte delicada, notei que o músico escalado não conseguia executar o trecho com perfeição. Tratava-se, evidentemente, de um daqueles músicos que Lombard havia afastado da orquestra e que, sob o novo regime, voltaram a ser convocados, por exigência dos músicos. Tentei diversas vezes que ele repetisse corretamente o trecho em questão. Depois do intervalo, como eu temia, a execução não melhorou e tive que protestar com o trompista. Pedi ao inspetor que chamasse em seu lugar aquele trompista que Lombard tinha empregado, para que a sinfonia saísse bem executada. Senti um grande mal-estar na orquestra, mas não discuti o assunto com a comissão e segui adiante.

Em outra ocasião, a situação ficou mais tensa e complicada. Sem ter sido avisado que o spalla antigo tinha sido reconvocado, encontrei-o sentado à primeira estante. Não o conhecia e não tive nenhuma reação negativa. Mas, à medida que o ensaio ia correndo, entendi perfeitamente a razão pela qual Lombard o tinha afastado e chamado outros spallas mais competentes. Durante o intervalo chamei a comissão da orquestra e expus a minha insatisfação, dizendo que aquilo era justamente o que eu temia: que a qualidade da música fosse sacrificada por motivos laborais e corporativistas. Expliquei à comissão que, se aquela fosse uma situação definitiva, não me interessava ficar à frente da orquestra. A reação dos músicos foi claramente defensiva e senti que não haveria muito espaço para diálogo. Por outro lado, o bom spalla francês já havia sido contratado em Paris, que exigia exclusividade. O velho judeu-russo do Concertgebouw tinha sido dispensado, sem que eu fosse sequer consultado.

No dia a dia da orquestra começaram a surgir algumas situações de conflito entre as minhas exigências de qualidade e disciplina e os interesses corporativistas dos músicos. A direção executiva, talvez por receio, não tomou uma posição definida. Alguns dos antigos supersolistas de Lombard não queriam abrir mão de seus privilégios, sobretudo os de poder escolher as datas em que tinham que tocar. Isso desagradava sobremaneira aos músicos "comuns" da orquestra. Descobri que os supersolistas tocavam em mais de uma orquestra, e que se tivessem que dar preferência a Bordeaux, o trabalho não lhes interessaria. Teríamos que substituí-los pelos antigos, que tinham sido postos à disposição por Lombard.

A direção executiva tinha razão em tentar acabar com as grandes diferenças salariais dentro da orquestra. Isso levaria alguns dos músicos menos capacitados a ganhar mais do que antes e os melhores a ganhar menos. Iniciou-se uma debandada dos músicos especiais da orquestra e a qualidade caiu sensivelmente.

Depois de dois anos, despedi-me da orquestra de Bordeaux, certo de que Lombard tinha atingido fins desejáveis, e cheguei a conclusões importantes que influenciariam muito as minhas primeiras atitudes quando cheguei à Osesp.

Em primeiro lugar, entendi que não se pode de forma alguma abrir mão da qualidade. Por mais queridos que sejam alguns músicos na orquestra, por mais antigos que sejam nos seus postos, chega um momento em que a sua prestação simplesmente não corresponde mais ao desejado e ao necessário. Isso se aplica a todos os naipes, embora haja alguns naipes nos quais a forma física é mais fundamental do que em outros. Mexer com esses músicos nem sempre é fácil, e muitas vezes se encontra grande resistência do grupo. Abrir mão dessa exigência de qualidade é abrir a porta à mediocridade. O futuro só acirrará esse problema. É normal que os músicos de uma orquestra desejem proteger o seu futuro. Uma mexida dessa natureza acarreta um medo generalizado de que qualquer um pode vir a ser o próximo. É necessário, portanto, criar uma estrutura que permita afastar, mesmo que gradativamente, esses músicos problemáticos, sem que se sucumba a um problema social e humano de grande monta. E esse trauma só pode ser mitigado se lhes for oferecida a oportunidade de uma aposentadoria digna e confortável. Portanto, uma orquestra que deseje manter a sua qualidade imperturbada necessita de um plano de previdência privada. Estou convencido de que sem essa instituição uma orquestra enfrentará graves problemas a médio e longo prazos.

Em segundo lugar, os salários devem ser unificados dentro das categorias. Não se podem admitir privilégios, por melhor que sejam os solistas. Uma orquestra não é um time de futebol, onde um craque ganha dez vezes mais do que outro. Não há goleadores nas orquestras. Todos jogam em todas as posições. Um primeiro flauta deve ganhar tanto quanto um primeiro clarinete ou primeiro fagote. Se o músico não merece o salário que ganha, quem está errado é o empregador que lhe deu o emprego errado. Um violinista tutti não pode olhar para o lado e invejar o colega que faz exatamente a mesma coisa que ele.

Em terceiro lugar, acho que uma orquestra sinfônica é uma instituição necessariamente hierarquizada, na qual as atribuições e as competências têm que ser perfeitamente definidas. As decisões, definições e soluções a curtíssimo, curto, médio e longo prazos, necessárias a uma organização dessa natureza não podem depender de comissões e coletivos. Eis a razão pela qual uma orquestra não pode ser uma cooperativa. A defesa da mediocridade (no sentido de defesa da média), que rejeita a excelência e o insatisfatório, mas que deseja o que não atrapalhe nem apareça demais, é inconcebível num aparato artístico. O estabelecimento de regras imperativas que definam com clareza quais os limites de cada figura na estrutura orquestral é primordial. Uma vez estabelecidas as regras, definidas as competências, o respeito pelas instâncias tem que ser indiscutível. Quanto melhor e mais madura a orquestra, mais fácil implementar essa mentalidade.

Quarto, a orquestra é constituída por artistas e é a esses que se deve servir com paixão e desprendimento. Burocratizar uma orquestra é não entender o sentido do trabalho. Todos os funcionários de uma orquestra, músicos, técnicos, administrativos, maestro, trabalham em função da qualidade dos concertos. Se essa qualidade falhar, por melhor que sejam o contador, o iluminador, o arquivista, o relações-públicas ou o responsável pelos recursos humanos, todos estarão desempregados ou, a médio prazo, a orquestra terá perdido a sua função. Todos os projetos paralelos devem estar subordinados ao objetivo principal, que é tocar boa música e oferecer excelência interpretativa. Para isso é preciso oferecer aos músicos condições ideais de trabalho, e exigir dedicação exclusiva e concentrada.

À medida que me ia convencendo da necessidade dessas condições para chegar a um resultado inquestionável, afastei-me de Bordeaux para enfrentar outros desafios, na Sicília e no Brasil. A orquestra de Bordeaux, infelizmente, foi perdendo a qualidade, mantida a ferro e fogo no período de Lombard e voltou a ser uma orquestra de província. Hoje não se ouve falar mais no fenômeno Orchestre de Bordeaux, que chegou a chamar a atenção da Europa.

DAQUI PRA FRENTE,
TUDO VAI SER DIFERENTE

Marcos Mendonça sabia que seria uma tarefa complicada convencer o governador Mário Covas a investir uma soma inédita na história do Brasil na construção de uma sala de concertos, que servisse de sede para uma orquestra sinfônica de nível internacional. Fizemos planos e tentamos definir uma estratégia que convencesse o governador de que a oportunidade de construir a sala São Paulo era um empreendimento a ser agarrado com unhas e dentes. Havia mais de um secretário de estado torcendo pela nossa causa. Mario Garcia, ao menos assim eu esperava, já devia ter falado com Covas e tentado entusiasmá-lo para uma ideia dificilmente digerível por um engenheiro que não tinha, pelo menos até aquele momento, demonstrado interesse acentuado pela alta cultura, muito menos pela música clássica. Mais tarde, após um concerto, o próprio governador confessou-me que nunca havia comprado um CD de música clássica na vida. Para mim, foi mais uma prova de sua grandeza política.

  Minha abordagem não permitia rodeios. Tentaria fazer com que o governador entendesse que a construção de cento e vinte mil casas populares não lhe garantiria um lugar na história tanto quanto a construção de uma sala de concertos das proporções que estávamos imaginando. Não havia no Brasil nem na América do Sul uma sala para música sinfônica comparável à que estávamos dispostos a construir. Na reunião, mencionei que a pirâmide do Louvre e o Musée d'Orsay tinham assegurado a François Mitterrand um lugar no panteão dos estadistas franceses e que talvez ninguém se lembrasse de Georges Pompidou daqui a décadas, a não ser pelo Centro Cultural que leva o seu nome e que transformara um entorno degradado da cidade num local charmoso.

Evidentemente eu não estava tentando ganhá-lo pela vaidade. Seria menosprezar a inteligência e a personalidade de um dos grandes políticos brasileiros. Meu discurso acentuava muito mais a importância simbólica de templos culturais na vida e no cotidiano de uma cidade. Argumentei que os teatros e centros culturais no mundo contemporâneo estão para as cidades como as igrejas da Idade Média, que transformavam acampamentos militares em comunidades produtoras de conhecimento e tecnologia. E que, hoje em dia, a transformação de centros ou bairros degradados das cidades em lugares de grande irradiação cultural é uma tendência das grandes cidades modernas.

A primeira pergunta que se seguiu a meu *plaidoyé* apaixonado foi a respeito do preço de um projeto como o nosso. Procurei analogias estranhas: alguns metros de túnel ou metrô custavam tanto quanto a reforma da estação Julio Prestes ou a manutenção anual de uma orquestra sinfônica de qualidade internacional.

O governador pediu alguns dias para pensar no assunto. Mais tarde soube que ele me havia definido como "aquele maestro enfezadinho"... Eu sabia que essas entrevistas geralmente são curtas, e seu sucesso depende essencialmente da capacidade do proponente de entusiasmar e convencer o político com poucas palavras e imagens fortes. Em geral, somos recebidos entre um e outro problema grave, que quase sempre o ocupa com muito mais urgência. Uma vez, em conversa com um grupo de políticos cheguei a questionar como o Brasil poderia desejar ser membro permanente do Conselho de Segurança da ONU sem possuir uma grande sala de concertos e uma grande orquestra. Como discutiríamos de igual para igual com os EUA ou com a Rússia? A pergunta procede: a China tem hoje o projeto de criação de mais de duzentas orquestras sinfônicas, num esforço surpreendente de diminuir a distância que a separa nessa área dos países do Ocidente.

Sempre soube que sem a sala, a orquestra navegaria ao sabor das instabilidades políticas e econômicas. Era preciso ligá-la e identificá-la com o seu espaço, trazer o público à sua casa, transformá-la num lugar de culto como os templos e as igrejas. E era ainda preciso transformar a orquestra numa realidade que levasse em consideração as necessidades e as idiossincrasias das realidades paulista e brasileira. Sinto muito que o projeto, apesar da sala São Paulo e dos esforços feitos para libertá-lo das amarras da burocracia estatal, continue ao sabor de caprichos e vontades da política.

Pouco depois da entrevista com o governador, fui informado de que nossa ideia de reestruturar a Osesp e reformar a estação Julio Prestes tinha sido aprovada pelo governo, e que seria tratada como projeto prioritário. Muitas pessoas, entusiastas de primeira hora do projeto, contribuíram para a decisão de enfrentar uma aventura inédita na história da música brasileira. Além disso, a constelação política e econômica daquele momento era ideal. Esse empreendimento não teria sido aceito em qualquer outra circunstância que não aquela. Creio ainda que aqueles que deram o "sim" definitivo para a implantação do projeto não possuíam, ao menos naquela altura, a menor noção do alcance e da complicação decorrente de tal iniciativa. Se soubessem do "elefante branco" que estavam comprando, talvez não se tivessem lançado ao trabalho com o mesmo entusiasmo. Mas não acho que se tenham arrependido. A Osesp transformou-se no único projeto cultural nacional unanimemente admirado tanto por seu significado quanto por seu sucesso.

Com o "sim" de Covas, começamos a grande aventura. O que fazer com a orquestra existente? Como modificar as estruturas sem cometer injustiças? Onde tocar enquanto a nova sede não estivesse pronta, e quanto tempo isso demoraria?

O segundo milagre tinha sido conseguido, e decidimos organizar um concerto no pátio interno da estação Julio Prestes, com suas palmeiras, e anunciar para a população que aquela seria a sede da Orquestra Sinfônica do Estado de São Paulo, que enfim deixaria de ser a Orquestra Sinfônica em Sede Provisória.

O concerto foi marcado para março de 1997, logo depois do recesso dos músicos. Até lá, eu teria três meses para apresentar ao governo um plano de reestruturação do conjunto, sugerir salários e espaços a serem utilizados, enfim, realizar mais uma dúzia de milagres. Eu já estava convencido, porém, de que em São Paulo milagres acontecem.

Na entrevista coletiva de lançamento do projeto, no saguão da estação Julio Prestes, poucos dias antes do concerto, o governador afirmou publicamente o seu compromisso de construir a melhor sala de concertos da América Latina. Ao ser indagado, por um dos jornalistas especializados em música sobre como o estado financiaria o projeto, tendo em vista tantas outras prioridades como a saúde e a educação, Covas surpreendeu-me com uma resposta direta e agressiva: "Parece que a própria classe cultural torce contra um projeto que sempre sonhara ter. Nossa velha antropofagia está vindo à tona outra vez! A sala será construída, mesmo que o estado tenha que bancar cada centavo e que não consiga nenhum patrocínio privado."

Saí de lá convencido de que o governador era um estadista inteligente, e que meu sonho estava de pé.

O concerto de lançamento do novo espaço foi um acontecimento social e cultural. Quase duas mil pessoas estiveram presentes. A velha Osesp tocou a *Sétima sinfonia* de Beethoven e o *Batuque* de Lorenzo Fernandes. A emoção da mudança começava a contagiar a todos. Daí para a frente tudo seria diferente.

UMA ORQUESTRA VIRA DUAS

Nossa grande tarefa era a de enfrentar o desafio de reorganizar uma estrutura problemática e viciada. Como transformar uma orquestra integrada por músicos com características totalmente heterogêneas?

A Osesp era composta de professores das mais diferentes idades e procedências. Havia músicos beirando os oitenta anos, e outros com menos de vinte. Alguns tocavam em duas ou três orquestras ao mesmo tempo, o que os impossibilitava de fazer todos os ensaios em todos os lugares, uma vez que alguns deles eram até concomitantes. Outros membros da velha Osesp não estavam preparados tecnicamente para tocar nem em uma orquestra média. Uns levavam a sério o trabalho, outros consideravam a Osesp um mero cabide de emprego, já que o salário que o estado pagava não dava para sobreviver dignamente.

Por outro lado, a parte administrativa da Osesp estava reduzida a um grupo de pessoas acostumadas ao ritmo "devagar quase parando" que a orquestra vinha levando nos últimos anos do maestro Eleazar. Os concertos no Memorial da América Latina eram pouquíssimo frequentados, a qualidade apresentada era no máximo sofrível, os programas repetiam incansavelmente obras batidas do repertório e neles havia pouquíssimas surpresas que pudessem atrair um público curioso. Os programas de sala eram mimeografados ou mal impressos, não traziam nenhuma informação relevante e a programação da orquestra era anunciada com pouquíssima antecedência. Mesmo assim estava sujeita a modificações substanciais, e à maioria dos maestros e solistas convidados faltavam o brilho e a qualidade necessária para melhorar a orquestra.

Carvalho, por exemplo, pouco antes de sua morte, telefonara-me na Europa, pedindo para que eu regesse o *Guarany* em concerto, em São Paulo. Queria Plácido Domingo no papel principal e tudo para dali a dois ou três meses... Depois de ouvir de mim que aquele plano era completamente irrealizável, tanto pela premência de tempo quanto pelos enormes custos que o projeto suscitaria, mudou o convite. Propôs que eu dirigisse uma sinfonia de Bruckner, o que tive que recusar, porque não me considero um bruckneriano digno. Esse ecletismo nos planos e a facilidade com que se pulava de uma ideia para outra, típicos do estado em que se encontrava a Osesp, deveriam mortificar Eleazar, que conhecia bem os métodos e regras respeitadas nas grandes orquestras.

O velho maestro trabalhava num camarim do Memorial da América Latina, e pedia, sem sucesso, que lhe concedessem uma extensão do telefone da direção da instituição para o seu espaço improvisado de trabalho. Como essa extensão não podia ser instalada, os telefonemas eram dados, por especial favor, do escritório do administrador do memorial, um andar acima.

Para os concertos que a orquestra realizava fora de sua sede, eram utilizados ônibus velhos e defeituosos. Os instrumentos eram transportados de forma imprópria, e tudo funcionava tão precariamente que os músicos costumavam chamar essas excursões de "expedições punitivas"...

A primeira coisa a ser atualizada, caso se quisesse introduzir qualquer tipo de mudança e melhora, era o salário dos músicos e dos funcionários administrativos. Para mim, essa providência era tão importante quanto a construção da nova sede da orquestra. Os pilares que sustentariam a reestruturação da Osesp seriam, portanto, a construção de uma sede própria e a adequação dos salários em níveis competitivos com as orquestras internacionais. Era necessário conferir atratividade ao emprego na Osesp para que pudéssemos interessar bons músicos no estrangeiro, os melhores músicos brasileiros no país e aqueles que se encontravam "exilados" na Europa e nos EUA. A melhora qualitativa adviria automaticamente de um trabalho sério realizado com esses elementos, e o status da orquestra seria outro. Como consequência, a Osesp poderia formar o "seu" público, preencher um lugar significativo na vida cultural e social da cidade, do estado e do país e representar dignamente a música brasileira no exterior.

O aperfeiçoamento artístico teria que vir acompanhado de uma melhora administrativa. Neste setor, o problema era parecido: contavam-se nos dedos as pessoas que tivessem se capacitado profissionalmente para administrar uma orquestra em todos os seus níveis, desde um diretor administrativo até um inspetor de orquestra, passando por gerentes, bibliotecários especializados e todos os outros técnicos. Tudo o que implantássemos faria jurisprudência. Seria preciso educar, mesmo que informalmente, todos os elementos que ocupariam papéis-chave na estrutura da Osesp. E faltaria ainda criar os serviços e projetos paralelos ao seu funcionamento puramente musical, o seu setor educativo e de informação.

Não queríamos que o material gráfico da orquestra tivesse um caráter rígido e clássico. Para tanto, bastava a imagem tradicional de uma orquestra sinfônica, muitas vezes, e com razão, comparada a um museu. Desejávamos juntar na aparência gráfica a seriedade e o classicismo do trabalho, já tão bem evidenciado nas belíssimas colunas da sala São Paulo, mas com a novidade de que seria uma orquestra jovem e, se possível, bem-vestida e atraente. Afinal de contas, o público ouve tanto com os ouvidos quanto com os olhos.

Tudo isso teria que ser explicado aos artistas que se juntassem a nós para a criação dos programas, cartazes, panfletos e dos fôlderes, sem esquecer a unidade essencial de todo esse material.

Naquele início de trabalho, embora grande parte dos projetos já estivesse bem organizada na minha mente, o principal era mesmo pensar no feijão com arroz. Estabelecemos, com o aval do secretário Mendonça, um piso salarial para cada uma das categorias da orquestra, o que praticamente triplicaria o que os professores vinham ganhando até lá. Mas quem garantia que, ganhando três vezes mais, a qualidade ao menos dobraria?

Seria necessário reavaliar todos os músicos. Obrigar um músico que toca há quarenta anos na orquestra a prestar um exame de reavaliação? O que aconteceria se não passasse no teste? Como a orquestra não possuía um plano de previdência privada, esse músico acabaria na rua, sem nenhum tipo de proteção. Impunha-se, portanto, uma solução cara e corajosa: criar uma estrutura B, outra Osesp que continuasse a existir exatamente nos moldes da antiga, ganhando o mesmo e que servisse a propósitos claramente estabelecidos. Ninguém seria, portanto, despedido. Alguns, quem sabe muitos, seriam promovidos. Surgiu assim a Sinfonia Cultura.

As negociações com a Comissão dos Músicos foram longas e difíceis. Era necessário convencê-los de que não poderia haver grandes aumentos nem um esforço do governo por dignificar a profissão, sem sacrifícios. Nem todos, evidentemente, saíram convencidos dessas conversas. Houve músicos que se recusaram terminantemente a fazer os testes de reavaliação, por qualquer motivo que fosse. Outros aceitaram, mas os nervos falharam. Ainda outros, ao saberem que a nova estrutura orquestral deveria ensaiar duas vezes por dia e que exigiria exclusividade, não quiseram deixar de levar a vida de que tanto se queixavam antes: tocar em duas ou três orquestras sem maior responsabilidade musical e ainda fazer bicos aqui e ali em casamentos e festas.

Enfim chegou-se a um acordo: os testes de reavaliação deveriam acontecer dali a quatro meses, em junho ou julho de 1997. O programa seria divulgado imediatamente para que todos pudessem se preparar com a antecedência necessária.

Mas o que fazer durante todo o primeiro semestre? Programamos o primeiro concerto da temporada, ainda com a velha Osesp no memorial para dali a uma ou duas semanas. O regente seria Silvio Barbato, tragicamente desaparecido no acidente aéreo que veio a acontecer em 2009.

Constatamos imediatamente que cada ensaio se transformava numa reunião sindical, com intermináveis discussões entre os descontentes, os contentes e os resignados. Fazer música tornara-se praticamente impossível. Só nos restou uma alternativa: pusemos a orquestra em recesso, evidentemente pago, e dissemos a todos os músicos que se preparassem para os exames. Não queríamos reclamações de que não houvera tempo ou disponibilidade para a preparação.

Enquanto isso começávamos a reorganizar a infraestrutura da orquestra: a luta por duas linhas telefônicas (computador nem pensar), a longa espera pela disponibilidade de um fax, arranjar umas escrivaninhas velhas e chamar pessoas dedicadas e apaixonadas para levantar, passo a passo, o grande sonho.

Começamos a reorganizar o arquivo. O existente era escandaloso, partituras e materiais embrulhado em papel-jornal, sem indicações precisas. Uma ocasião encontrei um velho manuscrito jogado num canto, junto de caixas e caixas de material já meio apodrecido. Ao olhar o manuscrito, levei um susto: tratava-se de um autógrafo de Francisco Mignone, uma obra escrita e dedicada à Osesp. Por pouco não se perde no lixo.

Os programas antigos da Osesp encontravam-se de posse da viúva do maestro Eleazar e até hoje esse material não foi totalmente recuperado nem convenientemente organizado. A história da antiga Osesp pode ser estudada só fragmentariamente.

Nas três salinhas de uns quinze metros quadrados que nos puseram à disposição no memorial, começamos, quatro pessoas, a nos dedicar à construção de um projeto que doze anos depois empregaria mais de trezentos funcionários, e seria reconhecido internacionalmente como uma das grandes orquestras mundiais.

A NOVA OSESP E A LEGIÃO ESTRANGEIRA

As provas de reavaliação realizaram-se, como previstas, em meados de 1997. A única forma de fazê-las transcorrer sem percalços foi torná-las opcionais. Quem não quisesse apresentar-se, e muitos não quiseram, permaneceria na velha estrutura, na forma de uma orquestra da Fundação Padre Anchieta. Pouco depois esse grupo seria denominado Sinfonia Cultura e daria seus concertos no Sesc Belenzinho.

A velha Osesp tinha em seus quadros mais de noventa músicos. Não mais de três quartos se apresentaram ao exame de reavaliação no Memorial da América Latina.

O critério seguido foi aquele do qual não nos afastamos durante todo o tempo em que me dediquei à Osesp: os parâmetros adotados para julgar os candidatos eram muito altos, comparáveis àqueles das grandes orquestras mundiais. Não nos daríamos por satisfeitos com a velha medida de que "para São Paulo está bom..." Se estava bom para São Paulo, teria que estar bom para Berlim ou Filadélfia. Se não estivesse bom para Zurique ou Cleveland, também não poderia estar bom para nós.

Eu tinha decidido não participar do júri de avaliação dos integrantes da velha Osesp, uma vez que conhecia a grande maioria dos músicos de longa data. Sentia-me prejudicado na minha imparcialidade, e fiquei em Palermo, dirigindo uma produção do *Cavaleiro da rosa*. Para formar a comissão julgadora, convidamos um painel de jurados acima de qualquer suspeita. Dele faziam parte além dos brasileiros Roberto Minczuk, já naquela altura meu assistente, Antonio Meneses para os violoncelos, Isaac Duarte, solista da Tonhalle Orchester de Zurique, e Afonso Venturieri, primeiro fagote da Orchestre de la Suisse, Romande de Genebra para as madeiras, Jean-Louis Steuermann para os pianos. Além destes, um grupo seleto de grandes instrumentistas provindos de grandes orquestras como a Chicago Symphony, a Gewandhaus Orchester de Leipzig, a Filarmônica de Viena dentre outras.

Eu vivia pendurado no telefone, em Palermo, ansioso por saber das novidades das audições em São Paulo, sobre as quais eu não tinha absolutamente nenhuma influência. Ao final de cada sessão, eu era imediatamente informado do resultado das provas e exultava com algumas notícias, assim como me entristecia com outras, ao me contarem que certos professores não haviam se apresentado ou haviam falhado no momento crucial. Tinha pedido o máximo rigor aos nossos convidados do júri, mas no fundo torcia para que todos passassem, o que, evidentemente, não era possível.

Sei perfeitamente que este período da reestruturação foi o mais traumático de todos para os músicos da velha Osesp. Foi uma prova e uma demonstração de imensa coragem e consciência artística, tanto para os que passaram quanto para os que não foram aprovados. Nunca esqueci isso, e não sei de outra orquestra mundial que tenha passado por esse impasse. Não conheço outro grupo de músicos que tenha a coragem de enfrentar uma provação tão dura e severa. Poucas vezes, no decorrer da construção do projeto Osesp, tive tanto orgulho e tanta admiração pelos músicos da nossa orquestra.

O fato é que dos noventa e tantos músicos da velha estrutura só quarenta e poucos passaram para a nova formação.

Isso, porém, não era o mais grave. Ao final da reavaliação estávamos diante de um grupo estranho, que era tudo menos uma orquestra sinfônica, apta a se apresentar todas as semanas num repertório clássico-romântico. Tínhamos aprovado todo o naipe de oito contrabaixos, vindos de uma escola bem cuidada e de dois professores que eram os nossos dois chefes de naipe. Contrastando com essa bela prova de qualidade, a nova estrutura não contava com nenhum fagote. Ficamos com quatro clarinetes e dois oboés, duas flautas. As cordas eram insuficientes para executar uma sinfonia de Beethoven.

Era um impasse sério: com aquele grupo de músicos não poderíamos iniciar, no segundo semestre, uma temporada de concertos.

Organizamos imediatamente provas de admissão para músicos brasileiros e latino-americanos, para completar o quadro perigosamente incompleto da Osesp. De volta ao Brasil, já com um júri formado por músicos aprovados na primeira reavaliação e alguns convidados para as estantes vagas, ouvimos duzentos e poucos candidatos. Não havia parâmetros conhecidos que indicassem aos interessados o nível desejado para ser aprovado como músico da Osesp nova. O nível dos candidatos era impressionantemente díspar. Enquanto os poucos aprovados (a maioria era conhecida de todos nós) tocaram brilhantemente, grande parte dos candidatos era incapaz de tocar uma única frase afinada. Alguns foram dispensados após tocar cinco compassos. Houve muitas reclamações por conta dessa severidade na avaliação, porém todos sabíamos exatamente o que queríamos, e não podíamos perder vinte minutos com candidatos que demonstravam a sua insuficiência após dois compassos.

Infelizmente o resultado desse primeiro teste de admissão aberto foi pífio. Continuávamos sem cordas suficientes para uma orquestra pequena. Nos sopros poderíamos começar a funcionar, embora faltasse preencher alguns postos de segundos e terceiros instrumentistas, o que só foi acontecer anos mais tarde. Em vista disso, optamos por abrir o nosso primeiro concurso internacional, em Nova York.

A organização de um concurso dessa natureza apresenta grandes problemas: primeiro, os custos altos. Para que os resultados dos testes fossem válidos, aqui em São Paulo, teríamos que levar professores da Osesp a Nova York para julgar todos os instrumentos de que necessitávamos. No caso das cordas, seria necessário levar o quinteto de solistas e mais músicos dos naipes que não estavam completos; segundo, era necessário anunciar esses concursos em publicação especializada, para que músicos de todos os Estados Unidos pudessem se inscrever a tempo para as provas; terceiro, era preciso achar um lugar adequado para que os exames pudessem se desenrolar, e um piano (com pianista, é claro) para que os candidatos pudessem ensaiar e se apresentar convenientemente. Tudo isso teria que ser organizado por alguém, com antecedência e *in loco*. Uma pessoa, evidentemente versada em música e conhecedora dos instrumentos, que pudesse julgar as fitas e vídeos sonoros assim como os documentos pessoais dos candidatos, para uma triagem que nos deixasse com no máximo sessenta candidatos. Afinal não poderíamos ficar com toda a equipe em Nova York por mais de três ou quatro dias.

Contratamos uma especialista para a organização dos concursos. As inscrições foram numerosas. Alugamos o pequeno auditório do Liederkranz de Nova York e partimos para os EUA esperançosos, e as esperanças não foram vãs. O nível era alto. Entre outros, contratamos um primeiro violoncelo que fez história na nova Osesp, um trombone baixo e alguns violinos, violas (entre elas uma brasileira) e violoncelos. Muitos desses primeiros estrangeiros contratados voltaram aos seus países de origem ao termo de alguns anos, às vezes meses. Outros ficaram conosco por muito tempo e ajudaram a levantar o projeto antes de voltar. Alguns estão conosco até hoje, perfeitamente integrados no nosso meio musical, casados com brasileiras e brasileiros, formando jovens músicos na Academia da Osesp, nas escolas de música de São Paulo ou em aulas particulares.

Entretanto, ainda não tínhamos completado o quadro de cordas necessário para iniciar a nossa primeira temporada. Diante desse problema que poderia impedir o funcionamento da orquestra, não nos restou alternativa a não ser enviar Roberto Minczuk e Cláudio Cruz a Bucareste e Sofia, para tentar aliciar alguns dos bons instrumentistas de cordas que ainda vivem nos países do ex-Leste Europeu. A grande maioria das boas cordas romenas e búlgaras já tinha deixado os seus países, contratada para as boas e médias orquestras europeias e americanas, que pagam salários bem mais altos do que os pagos na Romênia e na Bulgária. Alguns jovens, porém, egressos das excelentes escolas de cordas daquela região desejavam poder trabalhar em orquestras no estrangeiro, e achamos que poderíamos oferecer a esses um contrato por tempo determinado em São Paulo. Ao final desse contrato, voltariam para os seus países ou prestariam o exame de admissão regular em São Paulo.

Nessa operação, logo apelidada pelos nossos músicos de "Operação Buscuresto", foram ouvidos muitos jovens talentosos e escolhidos alguns, em número necessário para completar a orquestra que iria iniciar a sua primeira temporada em setembro.

Vale a pena destacar um episódio: após ouvirem uma série de candidatos durante o dia em Bucareste, Cláudio e Roberto foram relaxar no piano-bar de seu hotel. Estavam tomando os seus drinques quando ouviram um violino cigano bem tocado, com uma técnica admirável e uma bela sonoridade. Foram ver de onde vinha aquela bela música: era um jovem violinista que executava com paixão belas *czardas* e canções populares. Não pensaram duas vezes. Aproximaram-se do rapaz e procuraram se informar sobre a sua escola, se sabia música e outras perguntas indiscretas. As respostas foram todas satisfatórias. Ali mesmo o convidaram para integrar a "legião estrangeira" que viria ao Brasil dali a uma semana para começar a ensaiar. Florian Cristea, hoje músico efetivo, toca nos primeiros violinos da Osesp.

GULDA E A LIBERDADE

Durante a minha vida de apaixonado pela música, de estudante e de músico profissional, assisti a milhares de concertos, ouvi milhares de solistas, observei milhares de regentes e confesso que não me lembro da maioria deles. Durante anos da minha juventude colecionei programas e pedi autógrafos a centenas de grandes mestres e a outros tantos artistas que "despontaram para o anonimato". Possuo os autógrafos de artistas de quem nunca mais ouvi falar e o de Igor Strawinsky. O mestre da *Sagração da primavera* esteve no Rio de Janeiro, por ocasião das festividades de seu Quarto Centenário, regendo na catedral da Candelária a sua missa para sopros e no Teatro Municipal seu *Baiser de la Fée*, numa noite inesquecível em que dividiu a direção com seu assistente e biógrafo Robert Craft. Eu estava pendurado na galeria, ou paraíso, como a denominávamos, e esperava imóvel a entrada no palco de um dos grandes gênios vivos. Era como se de repente Mozart ou Beethoven viessem reger no Rio. Acho que não tinha, naquela época, nem conhecimento nem experiência suficientes para julgar ou usufruir totalmente o espetáculo que ouviria a seguir. Mas o momento era mágico e eu tremia de emoção "histórica"...

Quando a portinhola da coxia se abriu e surgiu um homenzinho curvado, que entrou trôpego com sua bengala, assisti a uma das poucas catarses coletivas de que pude participar num teatro: o Municipal inteiro pôs-se de pé, e o público, na sua grande maioria às lágrimas, rendeu-lhe uma ovação sincera e demorada. Quando o velho Igor começou a reger a sua obra, uma transformação operou-se no seu corpo minguado: transformou-se num homem ainda cheio de energia, capaz de transmiti-la à orquestra e ao público. Só fui voltar a ouvir *Le Baiser de la Fée* muitos anos mais tarde, quando regi a obra com a Osesp. Também não creio que alguém no Brasil a tenha ouvido ao vivo de novo até o concerto paulista.

A experiência de assistir à música de nosso tempo regida por seu criador, ficou gravada na minha memória para sempre. Quando passei a programar a Osesp nas suas temporadas, tive a oportunidade de pôr em prática o que sempre me havia fascinado: pude trazer a São Paulo, uma vez por ano, um compositor de notória importância, para que regesse a sua própria música. Ou que, ao menos, estivesse presente quando eu ou meu assistente as apresentássemos ao público. Tinha consciência da dificuldade com que o público receberia esse presente. A música contemporânea, especialmente quando se trata de um concerto inteiramente dedicado a ela, não atrai o público tradicional. Mas queria que a emoção "histórica" que senti quando ouvi Stravinsky regendo sua música pudesse ser oferecida ao público de uma metrópole como São Paulo. Foi assim que tivemos a oportunidade de assistir a Penderecki, Corigliano, Maxwell Davies, Holliger, entre outros, durante a minha direção artística. Depois de deixar a Osesp ainda tive a alegria de saber que Sofia Gubaidulina esteve presente num concerto que eu havia programado, inteiramente dedicado à sua música. Espero que essa tradição se mantenha nas próximas temporadas da Osesp. Ela certamente representou um diferencial entre a nossa programação e o que geralmente se ouve nas temporadas tradicionais.

Minha antiga coleção de autógrafos é uma pequena história da minha música, um roteiro do desenvolvimento do meu gosto estético, além de um pequeno mas importante documento da vida musical do Rio de Janeiro nos anos 1950 e 1960. Eu devia ter menos de sete anos quando meus pais me levaram, pela primeira vez, a um concerto. Não me lembro das obras que foram executadas na ocasião, mas me recordo perfeitamente de que, após a apresentação, fui até a coxia para cumprimentar os artistas. Eram, claro, vienenses, e meus pais, orgulhosos, foram mostrar-me um pouco de suas essências. Tratava-se de um jovem pianista austríaco, recém-saído vencedor do concurso de Genebra, Friedrich Gulda e de um maestro de cinquenta e poucos anos, Hans Swarowsky. Imagino que eu tenha lhes sido apresentado como um debutante nas atividades musicais, e ali mesmo recolhi os primeiros autógrafos. Gulda rabiscou o seu nome e Swarowsky caprichou mais: "Zum ersten Konzert alles Gute" (Tudo de bom no seu primeiro concerto). Pouco mais de dez anos depois eu estaria em Viena pedindo conselhos àquele que se tornaria meu mestre e uma das personalidades mais influentes no meu *ethos* musical.

Gulda permanece ainda agora, ao menos para mim, como uma referência pianística e musical. Poucos pianistas me emocionaram tanto ao tocarem o instrumento – e aqui me refiro ao gesto físico de "tocar" no piano. Era um músico instigante e inteligente, e sua loucura e excentricidade sempre me fascinaram. Navegava por mares jazzísticos, junto com Joe Zavinul, seu grande amigo e criador do grupo jazz-pop Weather Report. Compôs um pequeno tratado pianístico, *Play, piano, play*, prelúdios e outras composições de jazz de extremo bom gosto, mas nunca conseguiu deixar de lado a tradição acadêmica. Embora não tenha conseguido se afirmar como grande jazzista, arejou o mundo empoeirado da música erudita, espantando a casaca das salas de concerto, recusando-se a saudar o público da forma tradicional, comportando-se no palco como se estivesse na sua sala de estar. Sempre voltava ao repertório de música clássica, no qual era imbatível. Improvisava dentro de qualquer estilo, floreava os temas nas suas reaparições, criava cadências próprias. Revigorava a música como estou seguro de que Mozart, iconoclasta que era, adoraria.

Já nos anos 1960, Gulda veio ao Rio tocar o *Cravo bem temperado* de Bach em duas noites, sempre no Teatro Municipal. Na noite do primeiro concerto, saí de casa horas antes do necessário, certo de que a multidão ávida se comprimiria às portas do Municipal. Cheguei ao teatro com muita antecedência, e não havia mais que um punhado de pessoas esperando que se abrissem as portas do Templo. Quando estávamos todos acomodados, pouco antes de iniciar-se a celebração, contei poucas centenas de gatos pingados aguardando o espetáculo. Entendi coisas que até hoje venho tentando pôr em prática: música clássica não é e nunca será música popular. Em séculos distantes, era apanágio de quem a ela tinha acesso, nobres e privilegiados, que recebiam ensinamentos musicais como parte de sua educação básica. A partir do século XIX, aos nobres juntou-se a burguesia que surgia da industrialização e do comércio, e que queria a todo custo igualar-se à classe que desejava substituir. No entanto, o conhecimento da matéria foi ficando cada vez mais concentrado naqueles que eram seus produtores diretos. A naturalidade no trato com a linguagem musical foi ficando mais distante, não se improvisava mais e, com isso, uma das capacidades mais importantes num músico perdeu-se, enrijecendo a interpretação. Desapareceram a liberdade e o domínio da linguagem da improvisação na maioria dos intérpretes de música clássica.

Hoje em dia, independentemente da metrópole cultural ou província de que se trate, o público de concerto é sempre limitado. Evidentemente, nos centros em que a educação e a tradição musical clássica estejam mais enraizadas, esse público será relativamente maior, mas ainda assim pequeno em relação à população da cidade ou do público interessado em rock e funk. No entanto, reconhecer hoje em dia uma vantagem cultural ou social especial em quem gosta de música clássica seria tão preconceituoso quanto achar que o fato de apreciá-la denota esnobismo ou elitismo. Numa sociedade tão multifacetada como a nossa, todos os gostos e preferências têm sentido, e prejudicar ou preconceituar um grupo, mesmo que minoritário, é uma atitude política reducionista e antidemocrática. O importante é formar, informar e permitir o acesso aos setores mais diversos da sociedade a todas as manifestações culturais que o dinheiro público patrocine direta ou indiretamente.

Naquela ocasião, no Teatro Municipal, ao ouvir Friedrich Gulda, fechei os olhos e passei duas noites da minha vida perto do altar sagrado da perfeição. Nunca mais me esqueço de cada um dos 48 prelúdios e fugas, tocados com a calma de quem está além da técnica. Foi um dos pontos altos de minha fruição estética. Compartilhei-a com pouca gente, e esse foi meu privilégio. Quando Gulda, ao final das duas noites, ao ouvir o aplauso frenético dos poucos presentes ofereceu de "bis" algumas das peças do seu *Play, piano, play*, entendi mais uma vez que é preciso navegar por todos os mares musicais, gostar de toda boa música e perder todos os preconceitos.

Nunca deixei de perseguir esses critérios. Creio que uma das características mais interessantes da nova Osesp foi justamente o ecletismo de sua programação. Uma orquestra não deve executar somente as obras que o ouvinte ouve em casa. Pode-se imaginar que uma instituição que dependa primariamente da bilheteria seja obrigada a fazer grandes concessões na sua programação, para atrair o máximo de pagantes. A Osesp é e será sempre patrocinada sobretudo pelo estado, o que lhe dá a oportunidade de programar com muito mais liberdade e coragem. Nos anos em que tive a possibilidade de programá-la, apresentamos mais primeiras audições do que em toda a sua história. Primeiras audições de compositores contemporâneos ou de obras especialmente comissionadas pela orquestra, mas também inúmeras primeiras audições de obras de compositores de música dos últimos séculos e de escolas diferentes que dificilmente se ouve em concertos ao vivo, seja no Brasil ou no mundo. A Osesp ficou conhecida pelo ecletismo e pela audácia na sua programação, e a inspiração para essa inovação veio em grande parte dos exemplos que pude recolher de artistas corajosos como Friedrich Gulda.

THE LONG AND WINDING ROAD...

Numa quinta-feira de setembro de 1997, a nova Osesp deu o seu primeiro concerto no Memorial da América Latina. O pequeno público presente, cerca de trezentas e cinquenta pessoas, assistiu à orquestra executando na primeira parte a abertura do *Guarany* de Carlos Gomes e o *Concerto em dó maior* de Haydn para violoncelo e orquestra. O solista foi Antonio Meneses. Na segunda parte, ainda com Antonio Meneses, as *Variações sobre um tema rococó* de Tchaikovsky e, encerrando o concerto a *Sinfonia nº 4*, "Italiana", de Felix Mendelssohn. O resultado foi uma grande surpresa. Ouviu-se uma orquestra afinada, tecnicamente preparada, cuidadosa e energética. A promessa que ficava no ar era de que, caso o trabalho continuasse, dentro de pouco tempo poderíamos ter em São Paulo uma orquestra de grande categoria.

Semana a semana aumentava o número de ouvintes. A orquestra começava a dar o que falar na cidade e os mais descrentes vinham conferir o que se espalhava por aí: a Osesp mudou, agora é uma boa orquestra, a melhor de São Paulo.

Durante o segundo semestre de 1997 tocamos mais concertos do que durante todo o ano de 1996. Num desses concertos foi apresentada a suíte *Der Bürger als Edelman* (O burguês gentil-homem) de Richard Strauss. É uma pequena joia escrita para orquestra reduzida e que exige muita acuidade técnica de todos os participantes. A princípio não deveria ser uma obra para ser inserida num programa sinfônico, mas diante do fato de a orquestra ser ainda muito limitada, praticamente uma orquestra clássica aumentada, tínhamos que improvisar um bocado no repertório. Pareceu-me que o resultado da execução da suíte de Strauss foi muito bom e que demonstrava a bela qualidade individual de todos os músicos. A obra tinha sido gravada, como todos os concertos até então, pela rádio Cultura. A qualidade das gravações deixava a desejar. A praxe era de que se aumentasse o volume da gravação quando a orquestra tocava em piano e o baixasse quando tocava forte, numa tentativa equivocada de "equalizar" o som. As gravações reproduziam mal os enormes esforços que fazíamos para soar razoavelmente bem numa sala completamente imprópria para a música. Mesmo assim enviei a fita cassete com a gravação da obra de Strauss para Robert von Bahr, proprietário e diretor da companhia de gravações sueca BIS. Sabia que a BIS estava interessada em repertório interessante, e que sua qualidade de captação sonora era extraordinária. A BIS era reconhecida internacionalmente como a maior das pequenas gravadoras e a menor das grandes. A grande revolução nas casas discográficas, com o desaparecimento de muitas delas e a modificação radical no mercado de gravações e sua comercialização, ainda estava incipiente.

Queria saber se haveria, por parte de Von Bahr, interesse em gravar com uma nova orquestra um repertório de música brasileira que, certamente, ainda não tinha sido posto à disposição do público e que preencheria um nicho completamente novo no mercado. Von Bahr respondeu que não dava para aferir a verdadeira qualidade do grupo tendo como referência uma gravação tecnicamente insuficiente, mas que a ideia em princípio lhe interessaria. Com essa esperança e esse contato no bolso, respondi que teríamos que esperar a nova sala da orquestra para depois voltarmos a discutir o assunto. Para mim, gravar era essencial. Para que uma orquestra viaje e se torne conhecida internacionalmente, é necessário que tenha uma discografia importante. E não há orquestra que consiga apresentar uma discografia importante, lançada e distribuída por uma companhia de relevo, se não houver turnês internacionais nos seus planos. É um círculo virtuoso no qual não se consegue entrar de um dia para outro, nem mesmo de um ano para outro. Era preciso começar a programar imediatamente.

O Memorial da América Latina, porém, era um espaço que não nos serviria de forma alguma, nem a curto prazo. Era urgentemente necessário pensar numa alternativa temporária enquanto se construía o espaço na estação Julio Prestes. Não tínhamos uma ideia exata de quando seria possível contar com a nova sala, mas a perspectiva de ficar no memorial até lá era insuportável, e arriscávamos perder o pequeno público que começávamos a angariar com nossos concertos. Ocorreu-nos a ideia de voltar temporariamente ao Teatro São Pedro, onde a Osesp já havia tido a sua sede pouco depois de Eleazar de Carvalho a ter renovado no início dos anos 1970. As chances de utilizá-lo, porém, eram mínimas. O local estava em péssimo estado, fechado e abandonado havia anos. Além do mais uma restauração do Teatro São Pedro teria custos elevados, e eu não tinha a coragem de pedir mais dinheiro ao governo do estado.

No entanto, foi o próprio governo quem nos ofereceu o Teatro São Pedro. E assim, convenci-me mais uma vez de que a hora de criar uma grande orquestra era mesmo aquela. Com um aporte especial de verba concedido pelo governo federal, começamos a reforma da pequena joia, originalmente um teatro construído pela burguesia para seu próprio gáudio. O local apresentava grandes dificuldades: não havia camarins nem espaço de ensaios, escritórios nem pensar. Teríamos que continuar ocupando nossos modestíssimos escritórios no Memorial da América

Latina, mas ao menos seria possível ensaiar e tocar na mesma sala, cujo acesso era mais agradável para o público. Poderíamos ainda melhorar um pouco a acústica durante as obras de reforma.

O problema era o tempo. Da resolução de restaurar o teatro ao início da temporada seguinte faltavam poucos meses. Penso que a restauração do Teatro São Pedro acabou sendo um milagre ainda maior do que a construção da sala São Paulo. Se esta levou a barbaridade de vinte meses para ficar pronta, um feito que provoca franca incredulidade em qualquer europeu ou americano que visita a sede da Osesp, as obras de restauração do São Pedro levaram exatos quatro meses e meio.

Resolvemos abrir a temporada de 1998 no pequeno teatro de seiscentos lugares, que dispunha de um pequeno fosso de orquestra, com a ópera *La Cenerentola* (Cinderela) de Rossini. A temporada foi toda programada no segundo semestre de 1997 e pudemos anunciá-la antes do final daquele ano, feito inédito. Portanto não havia mais volta. Não poderíamos mais voltar ao memorial, sob pena de perdermos a credibilidade. A direção de cena da *Cenerentola* foi entregue a Pier Francesco Maestrini, jovem e talentosíssimo diretor ítalo-brasileiro.

Sempre defendi com unhas e dentes a realização dos planos que tivessem sido definidos e anunciados, achava que qualquer modificação permitiria a volta de vícios do passado. Temia os cancelamentos à última hora, os atrasos nos pagamentos e, mais que tudo, a intromissão do vírus da mediocridade em qualquer setor da orquestra. A minha defesa desses princípios fundamentais perante meus superiores hierárquicos, não hesitando em pôr minha cabeça a prêmio quantas vezes fosse preciso, pode ter dado motivo à fama de voluntarioso e autoritário que me acompanha até hoje. Não há "mais ou menos" quando se trata de qualidade artística, e, portanto, não pode haver "mais ou menos" na concepção e realização da arte.

A *Cenerentola* teria que estrear. E a temporada seria levada a cabo exatamente da maneira como a tínhamos anunciado. Qualquer desvio desse caminho faria com que eu decidisse voltar para as minhas atividades no exterior e desistisse de qualquer projeto no Brasil. Os últimos ensaios de cena e orquestra foram levados a cabo num palco sem coxias, com uma plateia sem poltronas e com os corredores do teatro repletos de operários. Pintores trabalhavam nas paredes e muros, e restauradores, pendurados em andaimes, retocavam os detalhes da decoração floral. No dia do ensaio geral os figurinos, mandados confeccionar na Itália nas oficinas do Teatro Massimo de Palermo, estavam presos na alfândega de Cumbica, sem chances de serem liberados. A luta insana e constante já me fazia pensar em desistir de tudo. Acompanhei, em última instância, o secretário Marcos Mendonça, secretário de Estado da Cultura, ao aeroporto. Tentaríamos convencer os burocratas da necessidade de liberar os figurinos, para não cancelar a estreia da ópera. Depois de inúmeros telefonemas que acabaram incomodando até o chefe do Cerimonial do presidente da República e o diretor-geral da Receita Federal durante a noite, Marcos e eu carregamos os figurinos para dentro de uma camionete alugada e os transportamos até o teatro, onde foram recebidos com vivas e urras pelos solistas e pelo coro da Osesp. O ensaio geral terminou de madrugada, com todos exaustos, mas felizes.

A procura por ingressos foi insana. Fizemos seis récitas da ópera com a casa completamente lotada e com filas de espera na porta. A Osesp tinha se tornado um caso à parte na vida paulistana.

A temporada de 1998 trouxe um salto qualitativo. O fato de ensaiarmos e tocarmos sempre na mesma sala, embora pequena e acusticamente imperfeita, fez com que nossa qualidade crescesse enormemente. A rotina dos ensaios e a demanda sistemática por disciplina criaram um clima de trabalho muitas vezes criticado por aqueles que nos observavam de fora, mas que produziu resultados espantosos. Bons regentes convidados e solistas de qualidade se apresentaram durante o ano, e o repertório começava a renovar-se. Tudo isso fez com que o número de ouvintes alcançasse uma média de quinhentos por espetáculo, duas vezes por semana. Comparados aos cento e poucos frequentadores da velha Osesp, era um fenômeno. A imprensa interessou-se pela novidade e certo dia li, na coluna da Joyce Pascovitch, uma nota sobre um concerto da Osesp. Tratava-se de um comentário mundano sobre o que estava se passando no Teatro São Pedro. Ao perceber que as colunas sociais começavam a divulgar o nosso trabalho, acreditei que estávamos, agora sim, no limiar do sucesso...

Um dos argumentos mais fáceis de entender, e que eu usava sempre para explicar a necessidade premente de a orquestra ter a sua sede, era uma simples comparação entre uma orquestra e um time de futebol: uma equipe sem estádio não tem onde treinar e sem treinar não se ganha campeonato. O binômio sala de concertos/orquestra era entendido perfeitamente. Por isso, enquanto o nosso estádio era construído na estação Julio Prestes, e mesmo treinando num campinho improvisado, a orquestra começou a melhorar. Pelo menos havia cobertura, iluminação e público que sabia que cada quinta e sábado poderia assistir a um espetáculo de qualidade garantida.

A temporada 1999 começou bem e a perspectiva de inaugurar a sala São Paulo em julho nos mantinha excitados e nervosos. A administração mudou para o novo prédio nos primeiros meses de 1999. Ocupávamos duas salas no segundo andar, e já tínhamos telefone e computadores, ainda que jurássicos.

Para a inauguração da sala São Paulo, programamos a *Segunda sinfonia* de Mahler, emblematicamente denominada *Ressurrei-*

ção. A orquestra estava pronta para o grande desafio de enfrentar uma obra majestosa como aquela. Por isso, foi contratado um produtor musical e engenheiro de som da Alemanha para gravar ao vivo nossos concertos inaugurais. Afinal de contas desejávamos que a captação de som fizesse jus ao som da orquestra e da sala.

Logo no início de nosso trabalho, ainda no Memorial da América Latina, tive uma reunião com uma equipe da TV Cultura. Queríamos discutir a forma como a televisão poderia gravar os nossos concertos. Tínhamos que evitar que as câmaras, erráticas, passeassem a esmo entre os músicos, sem uma verdadeira noção do que estava acontecendo musicalmente. Os programas deixavam a desejar visualmente e o som era deficiente. Comuniquei essas minhas impressões à equipe. O que eu sugeria era que se submetesse a equipe técnica de gravação dos concertos da Osesp à mesma reestruturação à qual estávamos nos propondo na orquestra. Não havia razão de se gastar tanto dinheiro público na construção de uma grande orquestra, se a transmissão ao público de seus concertos fosse distorcida e prejudicada. Queria que a equipe televisiva assistisse e gravasse ao menos o ensaio geral, para saber o que iria encontrar no concerto da noite. Esbarrei num corporativismo perigoso da equipe. Com a desculpa de que já estavam transmitindo os concertos há muito tempo, não aceitariam nenhuma interferência externa. O que mais me surpreendeu nos argumentos que trouxeram foi a afirmação de que o que a TV Cultura buscava era uma estética da dona de casa brasileira... Não entendi: o que era isso, a estética da dona de casa brasileira? Resposta: "Não nos interessa a estética europeia ou americana, queremos criar a nossa própria maneira de gravar e transmitir concertos..." À minha pergunta de por que usavam Mozart e Beethoven para isso, e por que não inventavam também a sua música, não souberam o que responder. Levou muitos anos até que a TV Cultura entendesse o que desejávamos. Nos tempos de hoje, qualquer gravação viaja o mundo sem um controle efetivo dos artistas, e a exposição do nosso trabalho de uma forma que não nos conviesse seria um entrave fundamental na recuperação de nossa imagem, além de prejudicar a comercialização internacional dos nossos produtos.

É notável o número de músicos e técnicos que o projeto Osesp trouxe ao Brasil, inicialmente para cumprir uma missão específica, muitos dos quais, mais tarde, se ligaram permanentemente ao nosso país e à nossa vida cultural. O exemplo de Jakob Handel, o técnico de som e produtor que eu conhecia de meus tempos europeus, é típico: veio a São Paulo pela primeira vez para gravar a *Segunda sinfonia* de Mahler. Mais tarde voltou diversas vezes para gravar, em parceria com a Biscoito Fino, as sinfonias de Beethoven. Sua gravação da nossa *Sexta sinfonia* de Beethoven, a *Pastoral*, ganhou o Grammy Latino de Música Clássica. Jakob, mais tarde, passou a vir regularmente ao Festival de Campos do Jordão para ministrar cursos e workshops de gravação. Ao final do curso, gravava o concerto de encerramento.

Mas, além de gente, a Osesp introduziu inovações na vida orquestral brasileira, que, com o correr do tempo, viraram aspectos tão corriqueiros nas nossas vidas que é difícil pensar-se numa orquestra importante no Brasil que possa dispensá-los: uma programação anunciada com mais de um ano de antecedência, uma personalidade gráfica esteticamente cuidada e atraente, um departamento de marketing atuante e competente, que atrai para a instituição importantes verbas de patrocínio privado através ou não das leis de incentivo. A Osesp instituiu ainda o saudável hábito de pagar o aluguel das obras que executa, e de não usar mais material pirata. Essa prática era tão normal no Brasil, que levou muito tempo até que as editoras se dispusessem a nos alugar suas obras. Nosso arquivo se transformou no melhor arquivo musical do Brasil, informatizado e organizado. Conseguimos ser os fiéis depositários de grande parte da obra de Camargo Guarnieri e de algumas importantes obras de Villa-Lobos, Francisco Braga, Alexandre Levy etc. Nosso trabalho de edição musical de partituras e material virou referência internacional para as orquestras que desejam executar música brasileira.

Naqueles dias tudo isso ainda eram projetos, sonhos, planos que não poderiam ser realizados a não ser que tivéssemos nossa sede. Se a ansiedade era grande quando estávamos por instalarnos no Teatro São Pedro, à medida que íamos nos aproximando da data marcada para a inauguração da sala São Paulo, já estávamos todos à beira de um ataque de nervos. A praça em frente à estação Julio Prestes era um imenso canteiro de obras, onde trabalhava-se febrilmente em três turnos ininterruptos. Muitas vezes recebemos a visita de Mário Covas, engenheiro que, pelo visto, adorava uma obra.

O dia 9 de julho de 1999 ficará na minha memória como um dos mais gratificantes e emocionantes da minha vida. Era a coroação de um sonho que, dois anos antes, eu diria perfeitamente impossível e irrealizável. Dado o caráter humano e a falta de memória inerente aos nossos musicistas, temo que já tenham se esquecido do que era a vida da Osesp até 1997. A facilidade com que essas mudanças foram incorporadas em suas vidas faz com que eu creia que tampouco tenham a noção de quão fácil será destruir o projeto e voltar progressivamente à mediocridade anterior.

A sala estava engalanada, a praça à frente do edifício da estação tinha sido aprontada um dia antes da inauguração, o que para mim fora o milagre dos milagres. Árvores, palmeiras, gramado, tudo colocado ali em poucas horas, transformaram a cracolândia num centro cultural. Uns dois ou três quarteirões dali encontrava-se a Pinacoteca do Estado, a gente tinha a impressão de que a cidade tinha se mudado...

O presidente da República, governadores, ministros, deputados e senadores enchiam a sala, misturados a um público seleto e deslumbrado que, embora na sua esmagadora maioria não tivesse a mínima noção do que é uma boa ou uma má acústica nem jamais tivesse ouvido uma sinfonia de Mahler, louvava justamente a belíssima arquitetura da sala e as suas intervenções modernas projetadas por Nelson Dupré.

No camarim, andando de lá para cá como um leão enjaulado, eu construía mentalmente o pequeno discurso que queria proferir antes de tocar o Hino Nacional. Queria agradecer a inteligência e a generosidade que um governador e um secretário tinham tido ao escolher esse projeto como uma das prioridades de sua gestão. Queria explicar que a música sinfônica no Brasil nunca mais seria a mesma a partir da existência daquela sala.

A execução do Hino Nacional tocado pela Osesp e cantado pelo coro sinfônico foi uma das mais emocionadas. Os músicos, naquele momento, tinham noção da mudança de vida que lhes estava sendo oferecida. E a *Segunda sinfonia* de Mahler foi executada como se a *Ressurreição* fosse a nossa, a prova de que o mito da fênix pode ser real. Uma orquestra que ensaiava dois anos antes em um restaurante, e cuja dignidade era vilipendiada, renascia para uma nova existência de autoestima, respeito e amor pela profissão. Renascia para tornar-se objeto de orgulho do cidadão paulistano, para oferecer qualidade de vida a uma cidade violenta e complicada. Revitalizou-se uma parte da cidade onde pouco tempo antes se vendiam cocaína e crack, e colocou-se o Brasil musical no patamar internacional, do qual, em virtude do descaso de sua elite política, social e cultural por sua história musical, nunca pôde efetivamente fazer parte.

Ao final do concerto, feliz, dei um soco no ar, lembrando-me do famoso salto de Pelé ao vencer a Copa do Mundo de Futebol. Embora eu tivesse consciência de que ainda havia tudo por fazer, sabia que ali estava a seleção brasileira da música pronta para disputar a Copa.

PROBLEMAS DE UMA ORQUESTRA ADOLESCENTE

Depois que fez um belo concerto com a Osesp, eu tinha reconvidado Alain Lombard para dois programas em duas semanas seguidas. Poucas vezes fiz convites assim, e sempre para regentes que eu acreditava que pudessem trabalhar bem com a Osesp. Regentes convidados procuram geralmente ser simpáticos, até porque evitam o desconforto de brigar com uma orquestra sobre a qual não têm nenhuma responsabilidade. O que a maioria dos maestros deseja é fazer o concerto daquela semana o melhor possível, recolher o cachê e, se possível, ser reconvidado. Afinal de contas, uma pessoa que aluga uma casa para passar as férias certamente não se interessará em melhorar a sua infra-estrutura. Quer usufruir da casa o mais possível e procura não chatear-se com bombeiros e eletricistas. Mas a Osesp necessitava desse trabalho duro e disciplinado para evoluir e crescer. Um regente jovem demais, se for muito talentoso, conseguirá inspirar a orquestra a tocar com ânimo e energia. Faltar-lhe-á, obviamente, a experiência para ir ao fundo de muitos aspectos que necessitam ser aperfeiçoados. Na maioria das vezes faltar-lhe-á, sobretudo, a compreensão total das obras, coisa que estou convencido só se obtém com a idade e a vivência de muitos anos de trabalho. Por outro lado, um regente de carreira consolidada não terá paciência para trabalhar detalhes com a orquestra, coisa que já terá feito muito mais cedo em sua vida e que agora não lhe apetece mais. Quanto melhor a orquestra, menos esse maestro dirá aos músicos, e se concentrará nas grandes estruturas formais e no prazer de fazer música juntos. Certamente o trabalho com um regente que tenha essas características fará bem à orquestra, mas a longo prazo a qualidade técnica do conjunto sofrerá com a falta de trabalho meticuloso do cotidiano.

Desde 1997, meu dia a dia à frente da Osesp foi muito diferente do trabalho que faço com as orquestras que me convidam para um trabalho eventual. Enquanto com a Osesp não deixava passar nada e cuidava dos menores detalhes técnicos e musicais, quando estou à frente de uma orquestra como regente convidado, procuro não fazer mais do que o necessário para atingir aquilo que imagino se possa alcançar em uma semana de trabalho, sem sobrecarregar os músicos. Desejo acima de tudo que a orquestra sinta prazer em tocar comigo. Obviamente quanto melhor for a orquestra, mais prazer advirá do trabalho, menos tempo se perde com detalhes, mais se transmite com gestos e menos com palavras. Até que, quando se está à frente de um grupo excepcional, os ensaios se reduzem a ponto de ter que tocar o repertório uma ou duas vezes, com algumas poucas indicações, e o concerto está pronto.

Na Suíça, esperava notícias do trabalho que o convidado daquelas semanas estava realizando. Para minha surpresa e desespero, recebo um telefonema no início da segunda semana de trabalho informando-me que Lombard não queria continuar a reger a Osesp. Isso nunca havia acontecido antes, e eu me perguntava que diabos poderia ter acontecido, a ponto de o maestro se decidir a largar tudo no meio. Oficialmente, disseram-me que ele havia se queixado de dor nas costas e que por isso precisava parar. Efetivamente, Lombard tem um problema crônico nas costas que lhe traz grandes aborrecimentos e que muitas vezes o impede de trabalhar. Liguei imediatamente para o maestro para ver se haveria alguma chance de ele fazer as duas semanas programadas. Lombard me explicou as dificuldades e não me restou alternativa a não ser pedir para que o maestro assistente da Osesp, Roberto Minczuk, assumisse a regência daquele concerto, mantendo o mesmo programa.

Desde que eu assumira a Osesp, a comissão que representava os seus professores tinha sido mais ou menos a mesma. Nesse ano, acusada de ser por demais ligada à direção artística, a comissão perdera a reeleição. Fora substituída por uma que se propunha ser mais agressiva e aguerrida, representando com mais energia os direitos legítimos (e os supostos direitos) dos músicos. Assumi uma orquestra em decomposição em 1997, na qual a disciplina e o autorrespeito não estavam na ordem do dia, em que os atrasos e faltas eram mais comuns do que os horários respeitados. Havia nela músicos que usufruíam de privilégios que outros não sonhavam ter, e a exigência artística e técnica tinha sido quase completamente abandonada. As diferenças qualitativas entre os músicos eram abissais.

Até a minha chegada, a Osesp ensaiava uma vez por dia, pelas manhãs e a maior parte de seus músicos perseguia outras ocupações, musicais ou não, pela tarde. Essa prática era absolutamente compreensível, tendo em vista os salários insuficientes para uma sobrevivência digna. Do momento em que foram triplicados os salários da Osesp, foi-lhes exigida dedicação integral e programamos dois ensaios por dia. Atrasos eram punidos, faltas mais severamente ainda. Os ensaios tinham que transcorrer em silêncio, e a exigência era que os músicos chegassem aos ensaios preparados. Introduzir uma nova cultura de trabalho de orquestra premiou-me com a fama de autoritário. Muitas vezes pedia para estantes tocarem separado, o que certamente não era usual. Imagino que, no início de nosso relacionamento, muitos dos professores da orquestra tivessem medo dessa exposição pública de suas mazelas. Minha relação com os músicos desde o início do nosso trabalho foi sempre uma no palco, e outra fora dele. Após os ensaios, eu esquecia completamente toda a tensão anterior e era capaz de ir tomar café na esquina com um músico que tivesse sido gravemente repreendido quinze minutos antes. Tenho absoluta certeza de que os músicos tinham consciência da natureza especial da nossa relação.

O maestro Silva Pereira, bravo regente português, com quem tive grandes conversas em Lisboa, costumava bradar à sua trupe: "Se vocês fossem pagos com as mesmas notas falsas que tocam, estariam todos morrendo de fome!!!!"

É comum em várias orquestras do mundo que músicos tomem um remédio para controlar os nervos e a adrenalina durante os ensaios e concertos. A profissão de músico numa orquestra de nível musical e técnico elevado exige um controle emocional e um preparo físico, mental e técnico enorme. Corremos todos os dias os cem metros olímpicos. Para isso, é preciso estar sempre em grande forma. Nas orquestras médias um erro é considerado normal entre os seus membros, e às vezes – o que me irritava (e ainda irrita) enormemente – até provoca troça e pilhérias. Numa orquestra de ponta um erro é imediatamente notado por todos os colegas e a sua repetição causa um grande mal-estar no naipe. Inculcar essa mentalidade na Osesp foi um trabalho demorado e difícil. Dizia aos músicos que ninguém nos processava por tocar mal, da maneira como processam um cirurgião que, por esquecimento, larga um bisturi na barriga de um paciente. Nossa responsabilidade, portanto, era ainda maior, uma vez que na maioria das vezes só nós mesmos é que nos dávamos conta das imperfeições na nossa execução. A maior gratificação que um músico pode ter é a consciência de ter participado de um belo concerto, durante o qual todos se concentraram juntos, e no qual a orquestra tocou bem.

Era difícil manter a concentração durante todo um ensaio, mais ainda durante dois no mesmo dia. Raramente chegávamos ao final de um concerto sem ter sofrido diversos acidentes de percurso, devidos à falta de atenção ou à incapacidade de manter a tensão durante as duas horas de espetáculo. Foram necessários muitos anos de trabalho árduo para que a Osesp fosse capaz de enfrentar um concerto em Viena, em Colônia ou Nova York, sem o receio de cometer erros que nos desqualificariam imediatamente perante a crítica ou o público. Nem todos os músicos entenderam as dificuldades e os percalços desse processo. Os integrantes da Osesp provinham de *backgrounds* extremamente distintos. Se havia os músicos que simplesmente passaram da velha para a nova estrutura, também havia os que retornavam do exterior para integrar a primeira orquestra brasileira que pagava bem. Havia ainda músicos estrangeiros, provenientes de orquestras diferentes e de diferentes países como Bulgária, Coreia e Estados Unidos. Gente acostumada a regimes disciplinares diferentes, exigências severas ou comportamentos levianos, que chegava descalça para os ensaios enquanto outros vinham de terno e gravata.

Durante um dos ensaios no Teatro São Pedro restaurado, estávamos executando uma obra contemporânea que exigia que os violinos improvisassem aleatoriamente sobre certas notas propostas pelo compositor. Evidentemente que o resultado podia ser confundido com balbúrdia por aqueles que não levassem a sério a linguagem do criador. No meio do caos sonoro, percebi que um dos músicos estava tocando a *Chaconne* de Bach... Parei imediatamente e proferi um de meus célebres discursos *à la* Fidel Castro, intermináveis, no qual deixei bem claro que a proposta da Osesp era inovadora e revolucionária no Brasil e que não estava disposto a tolerar qualquer espécie de indisciplina, seja comportamental, seja musical, e que aqueles que pensavam que a Osesp serviria como um simples emprego teriam que deixá-la naquele mesmo instante. Sugeri que voltassem para suas velhas orquestras e seus velhos vícios, que não influenciassem jovens músicos que estavam embarcando numa aventura que tinha que dar certo sob pena de o país viver mais cinquenta anos de penúria sinfônica. O experiente músico, vítima de meus impropérios, entendeu perfeitamente o recado e tornou-se um dos mais dedicados, disciplinados e entusiasmados integrantes da Osesp. Imagino que exemplos como esse tenham assustado alguns colegas, embora aos poucos fossem entendendo e até concordando com as minhas exigências.

Se nós, quando passamos da infância à adolescência, sofremos com distúrbios emocionais, o mesmo se pode aplicar à Osesp quando enfrentou a sua primeira crise de identidade. A nova comissão de músicos necessitava afirmar-se diante dos colegas, demonstrando independência e coragem. Usando de pequenos artifícios tão comuns ao corporativismo, cultivou uma dissidência que visava opor-se ao severo estatuto disciplinar que lhes era imposto e contestar o regente assistente, que já não lhes agradava tanto. Em cartas abertas, criticavam o jovem maestro e também a minha forma de conduzir os trabalhos. Afirmavam, em tom adolescente: "A Orquestra Somos Nós", ignorando o passado recentíssimo da Osesp. Desacostumados a trabalhar com método, organização, previsão e hierarquia, insistiam que a Osesp, incipiente em sua estrutura e qualidade, era resultado exclusivamente da qualidade de seus músicos, e que aquele modelo administrativo era ditatorial e autoritário. Queriam livrar-se do maestro assistente para depois, quando alcançassem o seu intento inicial, partir para uma autogestão. Isso poria a perder todo o projeto que já tinha cinco anos de vida e se preparava para saltos de qualidade. O pequeno grupo de músicos que influenciava a orquestra como um todo agia de modo sub-reptício. Nunca se manifestava durante os meus ensaios, por temerem minha disposição eterna de brigar até o fim pela manutenção do projeto. Escondiam-se atrás de aparente subserviência e provocavam outros colegas, desavisados e mais ingênuos, a tomarem atitudes incompatíveis com a disciplina da orquestra durante os ensaios de maestros convidados, menos disciplinadores. Concentravam ainda suas ações durante os ensaios do maestro assistente. Tratava-se de músicos excelentes, tecnicamente preparadíssimos, e que gozavam, por isso mesmo, de respeito e admiração dos colegas.

Durante um ensaio de Minczuk, que substituía Lombard, um músico reclamou de modo agressivo e impróprio da forma de condução do maestro. Ele não fazia parte do grupo que procurava sublevar a orquestra, mas naquele momento talvez tenha se deixado usar por outros para criar um clima de instabilidade e anarquia durante o trabalho. Minczuk interrompeu o ensaio e foi ao seu escritório para, pelo telefone, comunicar-me o ocorrido e pedir conselhos. Da Suíça, sem saber exatamente o que se havia passado, disse-lhe que chamasse o músico em questão à sua sala para pedir-lhe que se desculpasse na frente da orquestra pelo ocorrido. O músico, no entanto, subiu ao seu gabinete acompanhado de membros da comissão, que naquele momento já haviam entendido que era chegada a oportunidade da insurreição, e reiterou as opiniões que havia externado no ensaio, dessa vez mais drasticamente ainda. Minczuk, sem saber como reagir, telefonou-me mais uma vez para pedir que eu lhe indicasse a forma de atuar naquele impasse.

Espantado com a gravidade dos fatos, disse a Roberto que suspendesse o músico indisciplinado por tempo indeterminado e que, durante um intervalo, chamasse o outro solista para tocar em seu lugar (a Osesp possui dois músicos para cada cadeira dos sopros). Aconselhei-o a seguir normalmente com o trabalho.

Mas a situação já havia fugido a seu controle. Capitalizando o caldo de ressentimento que havia na orquestra contra a figura do assistente e entendendo que era chegado o momento de restabelecer parâmetros de trabalho que haviam sido deixados para trás, a comissão induziu a orquestra a recusar-se a ensaiar, a menos que a suspensão fosse imediatamente revogada.

Mais uma vez um telefonema para a Suíça. Senti que havíamos chegado a um *point of no return*. Ou bem tomávamos a iniciativa e o comando da situação, ou o Projeto Osesp iria inexoravelmente por água abaixo. Pedi a Roberto que chamasse a comissão a seu gabinete e que ligasse o "viva voz" para que pudéssemos falar os dois com os insurgentes. Isso foi feito, e eu comuniquei aos grevistas que aquela não era a hora de parar de tocar. Disse-lhes que o público não tinha nada a ver com aquela briga, que o concerto estava vendido, que um cancelamento teria efeitos nefastos sobre os assinantes, os patrocinadores, a imprensa e que por isso mesmo se exigia que todos voltassem aos seus lugares e tocassem. Os problemas seriam discutidos e resolvidos oportunamente, uma vez que eu estava pegando o primeiro avião para São Paulo. Não era a hora de ouvir argumentos contrários. Disse a Roberto, quando a comissão havia saído da sala, que descesse, subisse ao pódio e começasse a segunda parte do ensaio. Caso a orquestra se recusasse, sugeri que ele perguntasse individualmente a cada um dos membros da Osesp se tocariam aquele ensaio e o concerto ou se se recusariam a tocar.

Ao voltar para o palco e levantar os braços para reger, antes que pudesse dizer qualquer palavra, uma musicista das violas levantou-se aos brados: "Como é que é? Não tínhamos combinado de não tocar? Como é que fica isso?" A balbúrdia instalou-se de vez. Alguns músicos apoiavam a colega violista, outros diziam que queriam tocar, e a maioria, como sempre, observava atônita o desmantelamento de um sonho. Roberto agiu exatamente como eu havia sugerido. Começou a perguntar a cada um dos músicos, a começar pelos primeiros violinos, quem iria tocar e quem se recusaria a fazê-lo. O spalla foi o primeiro a dizer que tocaria, quebrando a espinha dorsal dos insurgentes. A esmagadora maioria declarou-se disposta a ensaiar e até um dos insufladores, ao notar que a estratégia havia falhado, disse que em vista da vontade da maioria, tocaria, embora a contragosto.

A revolução havia sido abortada, ao menos naquela ocasião. Mas a gravidade da situação estava posta. Era necessário resolver o problema na sua raiz. No dia seguinte de manhã desembarquei no aeroporto de Guarulhos. Fui direto à sala São Paulo. Era uma quinta-feira, dia de ensaio geral para o concerto daquela noite, e sentei-me no meu camarote, que ficava exatamente em cima da orquestra. Observei o comportamento dos músicos durante todo o ensaio. Roberto, visivelmente nervoso, levou o ensaio a bom termo. O ambiente estava pesadíssimo. Era difícil fazer música naquelas circunstâncias. Minha presença, no entanto, intimidou os mais afoitos e tudo se passou sem incidentes, embora artisticamente se estivesse vivenciando um desastre.

Passei a tarde conversando e revendo a situação com Roberto. À noite o concerto aconteceu sem que a plateia se desse conta da tensão que vivíamos internamente. Durante os próximos dias refletimos sem cessar sobre qual a atitude a tomar em relação aos insurgentes. Relemos as cartas abertas que tinham escrito. Esperei que um deles me procurasse para qualquer tipo de explicação ou discussão. Mandei dizer, pelo inspetor da orquestra, que estava pronto para conversar. Nada. Ninguém. Nem uma palavra.

Eu sabia exatamente quais eram os músicos que haviam sido mais ativos no movimento de desestabilização. Sabia também que seria duro tomar uma decisão drástica como a que se fazia necessária, mas isso era indispensável para a manutenção do projeto. Se a autoridade e a hierarquia fossem quebradas naquela ocasião, nunca mais se atingiria o nível de disciplina que se havia obtido a tanto custo. Todo o trabalho político estaria sendo jogado fora. Todo o investimento financeiro e humano teria sido em vão. Durante as próximas décadas comentar-se-ia sobre a oportunidade perdida. Elaborei a lista mínima dos músicos que teriam que ser dispensados. Não levei em consideração a qualidade deles. Não queria um supersolista na orquestra que, por mais genial que fosse, pusesse em risco a qualidade da equipe. Sabia que, por difícil que fosse e por mais tempo que demorasse, acharíamos substitutos à altura dos dispensados.

Esperei mais de uma semana para ver se havia alguma reação dos implicados. Nenhum deles veio me falar, nem que fosse para reclamar mudanças. Sentia-me como um professor de ginasial tendo que lidar com alunos imaturos que não tinham a coragem de manter um diálogo ou uma discussão produtiva. Fui falar com o meu superior hierárquico, o secretário da Cultura, Marcos Mendonça. Expliquei a ele toda a situação, contei toda a história. Disse que não nos restava alternativa a não ser despedir sete músicos, e que a maioria destes fazia parte da comissão que representava a orquestra. Essa era a hora da verdade da nova Osesp. Mas, se o secretário não quisesse comprar essa briga, eu entenderia e poria meu cargo à disposição. E que, se quisesse assumir comigo essa atitude, deixasse que eu resolvesse o impasse. A culpa das atitudes drásticas seria exclusivamente minha, eu daria as necessárias explicações à imprensa, na hora em que achasse oportuno, e pedi que ele se mantivesse afastado do incidente. Foi um momento decisivo na história da Osesp. Tudo poderia ter acabado ali, naquele momento, no gabinete do secretário. Marcos Mendonça, com a sua habitual fleuma e sabedoria, pensou e decidiu: "Vá em frente, maestro, e conte comigo."

Preparamos sete cartas sucintas. A partir daquele momento os sete insurgentes estavam afastados da Osesp. O projeto poderia sobreviver.

A IDEIA DE UMA ACADEMIA

Minhas férias escolares, durante os verões cariocas, eram passadas em Teresópolis, cidade serrana a duas horas e pouco do Rio. O que fez de Teresópolis um lugar especial na minha vida foram os cursos de férias de música que a Pro-Arte, uma instituição privada de São Paulo, organizava anualmente desde os anos 1950, e sempre durante o mês de janeiro, naquela cidade. Jovens musicistas inscreviam-se, e durante o mês inteiro Teresópolis transpirava música. Os concertos em que se apresentavam alunos e professores aconteciam no auditório da prefeitura da cidade, aos sábados e domingos. Lembro-me de ter ido ouvir Eduardo Hazan, Berenice Menegale, Luis Eça e outros grandes talentos brasileiros tocarem nesses concertos de fim de semana. Dessa época, o que ficou indelevelmente marcado na minha memória foi a inveja que eu sentia daqueles jovens músicos que passavam as férias dedicados ao estudo, e que tinham na música uma razão cotidiana de viver. Era tudo o que eu queria. Via os grupos de alunos sentados no restaurante conversando, confraternizando com os professores, e senti que era exatamente aquilo que eu desejava. No Rio de Janeiro eu era aluno de piano e ouvia música o quanto podia, mas minha formação musical teórica era praticamente nula. Na verdade, eu não tinha noção do que significava "estudar" música, tudo o que eu sabia era o que era estudar, e mal, piano.

Pedi a meus pais que me inscrevessem nos cursos de 1960. Não tinha a menor certeza de que seria aceito nem do que me esperava, mas o fato de fazer parte, como caçula, daquele grupo de iniciados bastava para sentir-me parte de uma seita que me levaria ao paraíso.

Os professores dos cursos eram excelentes, na sua maioria brasileiros. Alguns vinham de fora, quase sempre alemães ou de língua alemã. Os alunos formavam ainda um coral durante o curso, e mestres da tradição coral alemã vinham trabalhar com os bolsistas e formar regentes corais.

As aulas em Teresópolis eram diárias e eu fui encaminhado para o curso de Heitor Alimonda, que passou a ser a minha mais importante referência musical. Heitor passava horas falando de música e interpretação, e insistia para que eu ouvisse as aulas de alunos mais avançados. Visitei assim esferas nunca dantes imaginadas. Ouvir violino, canto, piano, coro durante todo o dia, caminhar por corredores que respiravam música, com um mistério, uma escala, uma frase atrás de cada porta, fizeram minha cabeça de forma definitiva.

Janeiro de 1960 foi o meu primeiro mês de estudo musical a sério. Fiquei totalmente tomado pelas atividades. Passava os dias zanzando entre os professores e alunos mais velhos e mais maduros que me tratavam quase sempre como um pirralho chato. Fui escalado para tocar uma sonatina de Kabalevsky num dos concertos de alunos na prefeitura, e essa apresentação, em termos emocionais, foi mais significativa que a minha estreia com a *Flauta mágica* na ópera de Viena. Antes do concerto fui tomado de pânico total. Andava pelos corredores da prefeitura certo de que não me lembraria de como começava a peça. Durante anos, considerei essa apresentação como sendo o meu "primeiro concerto". Tinha treze anos incompletos e sabia definitivamente o que queria ser na vida: estudante de música.

Ao voltar para o Rio de Janeiro, não tive dúvidas, inscrevi-me na Pro-Arte, como aluno de piano de Heitor Alimonda. Meu caminho musical não tinha mais volta.

Sem dúvida foi essa a experiência que, muitos anos mais tarde, me inspirou a criar a Academia da Osesp, onde os alunos teriam oportunidades semelhantes de vivência musical, e com essa mesma intensidade. A ideia de criar uma academia ligada à orquestra é tão antiga quanto as minhas primeiras sugestões para a reestruturação da Osesp. Queria oferecer a jovens instrumentistas talentosos a oportunidade de passear pelos corredores da sala São Paulo, como eu andava pelos corredores do Grupo Escolar Euclides da Cunha em Teresópolis, de ouvir os professores da Osesp estudando e de ter aulas com os músicos que ouviam todas as semanas no palco da sala. Queria que assistissem aos ensaios da Osesp, tomassem conhecimento do repertório em profundidade, se intoxicassem de música e descobrissem os prazeres escondidos dentro de uma orquestra sinfônica.

Na maioria dos conservatórios e academias, instrumentistas são educados e preparados para uma carreira de solista, especialmente nas cordas. Tocar numa orquestra é sempre encarado como um castigo para aqueles que não conseguiram fazer a carreira de grande solista. Uma de minhas primeiras iniciativas foi explicar aos jovens academistas e também aos músicos da Osesp, que se estava reestruturando, a gratificação que um musicista poderia encontrar ao ser membro de uma grande orquestra. O repertório que se lhes abria era praticamente infinito. O prazer de sentir-se parte do instrumento mais perfeito de todos, de sentir-se indispensável no resultado final, era impagável. O privilégio de ser um dos poucos escolhidos para tocar na melhor orquestra do país, o prestígio que esse posto de trabalho traria e as vantagens que poderiam tirar dessa situação profissional, tudo isso não se conseguia ao tentar febrilmente competir como solista num mundo em que nem sempre os melhores brilham mais.

O INÍCIO DO FIM

Meu ano de 2007 como regente da Osesp foi sofrido. Ao final, o desgaste era tanto que em diversos momentos desejei deixar a orquestra. A temporada havia chegado ao seu fim e minha relação com a orquestra tinha sido sensivelmente afetada pela inserção de um vídeo no Youtube, gravado clandestinamente durante um ensaio, em que eu, num momento de intimidade com a orquestra, havia desabafado e falado da pressão que vinha sofrendo do governo, reconhecendo no governador grandes capacidades administrativas, mas ressaltando seu caráter autoritário. Estávamos terminando uma turnê latino-americana, em Rosário na Argentina, quando me foi comunicado que a gravação havia sido colocada na internet. A traição que essa gravação e sua divulgação representavam, feitas provavelmente por um dos músicos, foi um golpe duríssimo na minha relação com a orquestra, que se baseou desde o início de nosso trabalho na confiança mútua. Nunca mais essa confiança se restabeleceu completamente. A mágoa foi passando pouco a pouco, mas as cicatrizes ficaram.

Minha mulher Patrícia e eu tínhamos marcado nossa viagem para Lugano para poucos dias após o último concerto do ano. Durante o mês de dezembro de 2007 a revista *Piauí* fez uma grande matéria comigo. O jornalista Roberto Katz passou vários dias me acompanhando no trabalho, nos ensaios, no meu escritório, e a revista publicou um longo perfil no número de janeiro. Muitas outras personalidades tinham sido entrevistadas para a matéria, entre elas o presidente do Conselho da Osesp, Fernando Henrique Cardoso. FHC disse na entrevista, evidentemente referindo-se a mim (ingenuamente não detectei nessas declarações nenhum recado), que tudo teria que ter começo e fim, e que um amor demasiado poderia acabar por destruir o objeto amado. FHC achava que era melhor saber sair na hora certa.

Antes de embarcar para a Suíça, recebi um telefonema do vice-presidente do Conselho de Administração, querendo um encontro. Argumentei que meu tempo estava justo, que estava de partida, mas meu interlocutor insistiu e marcamos o almoço para o dia de meu embarque para a Suíça, numa churrascaria dos Jardins. Meu estado de espírito não era dos melhores e fui ao encontro do vice-presidente com um gosto amargo na boca. Certamente os assuntos abordados não seriam agradáveis, e eu suspeitava de que havia um motivo para a urgência imposta para o encontro. Não fazia ideia sobre o que, precisamente, se conversaria. Ao encontrá-lo fui logo ao assunto: comentei que o ano tinha sido duro, a exposição na imprensa cruel, e que eu estava muito desgastado. Disse ainda que me sentia perseguido pelo governador e pela Secretaria da Cultura e que as tentativas de interferência na vida da Osesp poderiam comprometer o projeto. As férias, enfim, seriam bem-vindas.

Aparentemente, o motivo de minhas angústias foi entendido e foi-me assegurado, e não pela primeira vez, que eu tinha sido mantido no meu posto por insistência do conselho, que se havia oposto com ardor e frontalmente ao meu afastamento prematuro da direção da Osesp, o que era a intenção do governador. Conversamos sobre pouca coisa. Ouvi queixas de que não havia no conselho alguém que entendesse realmente de música e que seria bom se um especialista fosse convidado para participar dele. Achei a ideia perfeitamente legítima e cheguei a mencionar alguns nomes que achava que pudessem servir a essa necessidade. Disse que me sentiria privilegiado se pudesse discutir minhas ideias de programação com um colega credenciado, e que se essa fosse uma imposição da Secretaria da Cultura teria prazer em ajudar a colocá-la em prática.

A ideia era que eu ficasse na direção artística e regência titular da Osesp até o final de 2010. Ao ser indagado de qual eram as minhas intenções, respondi que se o ano de 2008 fosse igual ao de 2007, eu me via propenso a pedir uma interrupção prematura de nossa relação de trabalho, porque não via sentido em seguir submetendo-me àquele estresse. Mas que, caso a situação mudasse, o que era perfeitamente viável, eu considerava a ideia de continuar por mais dois ou três anos, além de 2010. Achava que a orquestra ainda precisaria de mim por um bom período, e que eu ainda tinha muito a oferecer ao projeto.

Para minha surpresa, a reação foi categórica: "Não há a menor possibilidade de você permanecer no cargo após 2010..." Percebi naquele momento qual era o motivo do almoço urgente. Confesso que minha surpresa foi enorme. Não deixei transparecer o meu assombro, até porque não sabia o que dizer. Era prerrogativa do conselho manter-me ou não na direção artística e na regência titular a partir de outubro de 2010. Essa questão teria que ser resolvida até outubro de 2008, mas sempre achei que, sendo o conselho composto em grande parte por amigos meus, seria examinada de forma conjunta, completamente diversa da que estava sendo posta naquela mesa.

A consequência da minha surpresa foi uma proposta: que eu pensasse no assunto, e que este seria levado ao conselho. Houve insistência para que eu colaborasse na escolha de meu sucessor, inclusive com um pedido para que eu abrisse datas para concertos de futuros candidatos. Respondi que isso seria difícil, uma vez que as programações para 2008 e 2009 estavam praticamente fechadas, e que talvez em 2010, embora a temporada já estivesse encaminhada, houvesse a possibilidade de uma ou outra data para candidatos. Disse que achava, no entanto, que a sucessão em 2011 seria muito difícil, se a busca se iniciasse em 2010. Para minha ulterior surpresa, soube ainda da próxima criação de uma "comissão de busca", da qual queriam que eu participasse. Enfim, entendi que os dados estavam lançados, a decisão tomada, e que, naquele momento, não adiantaria discutir mais. Pedi, ao final da conversa, que a questão da sucessão não fosse levada a público nem comentada abertamente, porque nesse caso seria inaugurada a "temporada de caça" e eu seria massacrado pelos acontecimentos. Como o combinado era que a decisão sobre a minha continuidade nos cargos só seria tomada em outubro de 2008, ficamos de adiar qualquer decisão ou discussão até aquela data. Falaríamos depois de minha volta, em fevereiro de 2008. Foi só ao voltar para casa e discutir o assunto com Patrícia que a ficha caiu. Tinha sido praticamente despedido com dois anos e dez meses de antecedência.

Embarcamos para a Europa num clima irreal. Era aquilo um recado do presidente do conselho? Durante o almoço, comentou-se que FHC teria recebido cartas anônimas de músicos reclamando de meu comportamento. Reagi indignado a essas insinuações e disse que não acreditava que o presidente desse ouvido a cartas anônimas. O assunto morreu ali mesmo.

Na Suíça, meu desconforto crescia à medida que eu lembrava da conversa e analisava o assunto. Ocorreram-me mil e um argumentos que eu deveria ter posto na mesa imediatamente, e que, devido ao meu assombro, nem me vieram à mente tempestivamente. Revi toda a história da Osesp com suas conquistas e cheguei à conclusão de que era impossível que aquela tivesse sido uma decisão artística. Afinal de contas todas as pesquisas de opinião demonstravam que nosso público estava satisfeito com o trabalho que lhes era apresentado, e nosso número de assinantes crescia anualmente mais do que o PIB do Brasil... A única razão imaginável para tal decisão era uma imposição política. Essa hipótese me foi mais tarde amplamente confirmada. Em conversa, muito tempo depois, com um repórter da *Folha de S. Paulo*, este me contou que na Secretaria da Cultura dizia-se que a assessoria do secretário teria afirmado que não daria mais para me tirar em 2008, mas que a 2009 eu não chegaria. Mal sabia eu da veracidade dessas previsões...

Deixei que a notícia assentasse na minha cabeça. Embora me houvesse sido dito que eu receberia um título honorífico pelos meus "serviços prestados", não conseguia deixar de sentir que me estava sendo oferecido um prêmio de consolação. No nosso cotidiano, quando um político quer se ver livre de um protagonista que já não serve, costuma-se dizer que o melhor é promover o indivíduo para um posto que pareça uma honraria, mas que no fundo é um afastamento forçado. Quem sabe o conselho me oferecesse uma embaixada...

Em Lugano todas as alternativas foram aventadas: uma carta para o Conselho de Administração, um pedido de reunião assim que eu voltasse, uma conversa com a orquestra, enfim, eu não sabia bem o que fazer. Conversei com alguns parceiros e colegas, agentes que organizavam nossas turnês, maestros que eu havia convidado para reger a Osesp, solistas que haviam se apresentado conosco, gente que me conhecia havia muito, que conhecia o meu trabalho e tinha condições de julgá-lo. As primeiras reações eram sempre as mesmas: "Mas por quê? Que loucura é essa? No momento em que a orquestra está angariando prestígio internacional? Quem irá entender essa troca de direção no momento em que vocês estão colecionando prêmios e críticas extraordinárias? Qual a razão para uma atitude dessas? Estão levando em conta os prejuízos que poderão ser causados?"

O futuro da Osesp era a maior preocupação de todos. Como ficariam os contratos assinados, quem me substituiria num curto prazo, quem conhecia as características do nosso dia a dia político-cultural, quem negociaria com os governos e os políticos, quem teria o conhecimento de música brasileira, quem seria capaz de escolher as obras a serem recuperadas, editadas, executadas e gravadas, quem encomendaria as quatro ou cinco obras anuais a compositores brasileiros, quem ficaria em São Paulo e trabalharia todos os meses do ano com os músicos, desenvolvendo a sonoridade da orquestra, quem cuidaria da Academia de Música que acabava de ser criada (contra a vontade da Secretaria da Cultura, que a criticava abertamente), quais seriam, enfim, as consequências de minha substituição para o futuro do projeto?

Não podia acreditar que a conversa do vice-presidente do conselho fosse uma opinião meramente pessoal, que o assunto não tivesse sido discutido com os demais membros do conselho. Tampouco podia acreditar que os meus colegas na direção da Osesp, que eram os únicos interlocutores e informantes do conselho, não tivessem sido chamados para opinar sobre a hipótese do meu afastamento em 2010. Eu só participava das reuniões do conselho quando convocado, uma vez que tratavam quase sempre de burocracia e orçamento, aspectos de que não me incumbiam. Durante o almoço havíamos abordado a minha relação com os músicos, e eu tinha externado a opinião que em todas as orquestras o regente tinha momentos de maior ou menor empatia com os músicos, mas que com o correr do tempo, assim como num casamento, certas mágoas vão se cristalizando e isso não impedia de forma alguma que tivéssemos momentos de grande felicidade e gratificação artística. Essa relação podia perfeitamente estender-se por mais um longo período sem perda de qualidade.

Nunca me passou pela cabeça que pudesse haver um conselho dentro do conselho, uma espécie de "superconselho", do qual faziam parte dois ou três membros, que discutiam assuntos importantes como a sucessão, e que os outros membros fossem praticamente informados de suas decisões.

Em fins de janeiro recebi um e-mail do diretor executivo sugerindo que na minha volta começássemos a trabalhar e resolver os problemas da temporada 2008. Ainda abalado pelo andar da carruagem, respondi que a partir daquele momento minha relação com a Osesp teria que ser diferente e que precisávamos sentar para conversar e acertar mecanismos novos que regeriam minhas relações com a instituição dali por diante. Resolvi ainda que assim que voltasse a São Paulo chamaria o presidente e o vice-presidente do conselho para uma conversa, que diria claramente o que achava, expressando a minha vontade de permanecer à frente da Osesp durante mais um tempo (que eu mesmo não saberia definir – três ou cinco anos no máximo) para preparar a orquestra para um novo diretor.

Ansioso, tomei o avião de volta a São Paulo, pronto para mais um ano de trabalho, mais um ano de conquistas, para uma relação renovada com os músicos e para uma luta de convencimento dos membros do conselho. Não fazia ideia de que estava começando a minha última temporada à frente da Osesp.

O ÚLTIMO CONCERTO

Embora um dos anos mais premiados da história da Osesp, 2008 foi todo vivido sob o signo da sucessão decidida pelo conselho. Ao voltar da Europa, tive um encontro com o diretor executivo da fundação, para tentar estabelecer uma estratégia comum que visasse a uma continuidade pacífica na gestão da Osesp. Este, afirmando ser apoiado integralmente pelo conselho e usando sem nenhuma parcimônia, certamente influenciado pelo jargão tão corrente naqueles dias, termos como "novos modelos de gestão" e "institucionalização", sugeriu que eu demonstrasse "grandeza" e renunciasse ao meu papel de diretor artístico e regente titular, o que me fez compreender que já havia um entendimento prévio entre a administração e o conselho. Se o que havia pautado os onze anos da Osesp reestruturada eram os termos disciplina, projetos e qualidade musical, agora o que entrava na moda era a palavra "governança".

Foi-me ainda aconselhado, sem que alguém se percebesse do provincianismo extremo que aquilo significava, que eu cuidasse um pouco mais da minha carreira internacional, que, segundo os próceres da teoria administrativa – autodenominados "os craques da administração" —, havia diminuído nos anos de total dedicação à Orquestra de São Paulo. Quando respondi que minha "carreira internacional" ia bem, obrigado, mas que eu havia resolvido levar a Osesp comigo para o exterior, encontrei expressões de dúvida e incompreensão. Resolvi não explicar o óbvio.

Poucas semanas após essa conversa, fui chamado para conversar novamente com o vice-presidente e outro membro do Conselho de Administração, obviamente um iniciado nas decisões da cúpula. Nesse encontro tratei de explicar com todos os argumentos que me pudessem vir à mente por que eu considerava que uma sucessão açodada faria mal à orquestra, e que ela teria de ser feita com mais responsabilidade, visando, sobretudo, à sobrevivência da qualidade e das características especiais do projeto. Procurei entender o porquê da necessidade absoluta de uma substituição, uma vez que me era sempre assegurado que o motivo não era político. Não entendia, e deixava isso bem claro, as razões da mudança pela simples mudança. As explicações que recebia eram inconsistentes, sempre regadas a "governança", "gestão moderna", "institucionalização" e outros temperos político-econômicos. Chegou-se até a afirmar que num banco, ao chegar aos sessenta anos, um diretor tinha que pensar na sua aposentadoria. A essa comparação não quis contrapor muitos argumentos.

A história das grandes orquestras parecia não ser modelo para o futuro da Osesp. Que George Szell havia ficado trinta e poucos anos à frente de Cleveland, Eugene Ormandy mais de quarenta à frente de Filadélfia, Fritz Reiner outros tantos à frente de Chicago, e que isso tinha sido fundamental para a cristalização da qualidade e tradição nesses grupos, tudo isso não parecia ter significado naquele momento. Que Arturo Toscanini havia começado seu mais importante projeto orquestral, a NBC Orchestra, aos setenta anos, não era digno de nota. O importante era a mudança. E a inclusão de "consultores" que pudessem trazer novas ideias e apresentar novas formas de administração. As únicas perguntas às quais eu não obtive nunca uma resposta clara e objetiva eram:

Quais as mudanças objetivas que o conselho desejava no projeto?

Onde estavam os problemas objetivos na condução artística e musical da orquestra?

Qual o caminho que se desejava trilhar e como atingir essas metas?

Enfim, ao final de uma tormentosa discussão a que não se chegou a nenhuma conclusão, tive a impressão de que havíamos conseguido algo: adiar a decisão até que se envolvesse nela o presidente do conselho, e manter o sigilo absoluto quanto ao assunto, para não desencadear uma onda de especulações e boataria que só poderia influenciar negativamente a minha atuação.

Mas a partir daí o inferno estava deflagrado. Começaram a correr os boatos de que a sucessão estava decidida e que Daniel Baremboim iria assumir a Osesp. A coisa se processaria da seguinte maneira: num jantar (soube por intermédio de uma diplomata ligada a Baremboim que esse evento efetivamente havia sido solicitado, embora nunca tivesse sido confirmado), autoridades brasileiras fariam um convite ao maestro para que assumisse a regência (ou coisa que o valha) da Osesp. Baremboim dedicaria algumas (certamente poucas) semanas à orquestra e um assistente – que já se sabia quem era – cuidaria do dia a dia do grupo.

Tudo isso me soava completamente absurdo e eu tinha perfeita noção de quem tinha iniciado esse movimento. Certifiquei-me de que essa história era um sonho de amadores e diletantes, mas o mal estava feito. Não importou que o próprio maestro Baremboim negasse peremptoriamente toda a fantasia, a sucessão fora lançada e não fora negada em nenhum momento pelo conselho, e a boataria tomou conta do país. Os meus dias estavam contados.

Mais algumas semanas se passaram e, enquanto eu me encontrava na Europa regendo (a tática foi quase sempre a mesma), o conselho se reuniu. Por mais que eu tentasse me informar sobre o teor do que seria discutido naquela reunião, não me foi possível descobri-lo. Ninguém sabia da pauta. Voltei da Europa sem saber o que havia sido discutido. O diretor executivo encontrava-se fora do país. Ao cabo de alguns dias, um membro do conselho veio até a minha sala de trabalho e, chocado pelo fato de eu não ter sido informado de nada, contou-me que na reunião em questão havia-se falado, sim, em sucessão, e pela primeira vez. Informou-se a intenção de convidar dois ou três "consultores" internacionais para ajudar na discussão da sucessão e aventou-se a hipótese de que eu até poderia ficar, se essa fosse considerada a melhor solução. Alguém foi incumbido de me transmitir a notícia, mas ninguém o fez. Por isso, por achar que eu não merecia ficar desinformado dessas decisões, aquele conselheiro achou correto me pôr a par do que se passava.

Confesso: nunca fui fleumático. Antes pelo contrário. Nos últimos anos tenho tentado refrear a minha impetuosidade e falta de paciência. Muitas vezes, durante o período em que estive regendo a Osesp, tinha discussões francas com meus superiores hierárquicos. Nos primeiros anos de trabalho, não titubeava em pôr a minha cabeça a prêmio por não querer abrir mão de responsabilidades e princípios que acreditava fundamentais para o sucesso da empreitada. Estava convencido de que abrir mão daqueles princípios, naquele estágio do projeto, seria abrir caminho para o jeitinho de sempre, para a aceitação da mediocridade, e a partir daquela concessão o caminho estaria comprometido. A notícia que acabara de receber de um membro do conselho pareceu-me o sinal de que estava na hora de partir. Estava convencido de que uma barreira ética havia sido transposta, e que eu não poderia mais confiar em pessoas que haviam sempre demonstrado amizade por mim e consideração pelo meu trabalho. O semestre havia sido cruel, mas a prestação artística estava cada vez melhor. No entanto, o movimento no sentido de tirar-me da direção artística e da regência titular acentuava-se cada vez mais, minha relação com a Secretaria da Cultura era de ignorância mútua e a vontade que existia no primeiro escalão do secretário de me afastar era expressa abertamente.

Cheguei em casa abalado e triste. Sentei-me ao computador e, num jorro de emoção, escrevi uma carta ao presidente do conselho na qual anunciava minha decisão de não continuar na Osesp a partir de 2010. Por uma questão de forma e respeito, expliquei que queria voltar a dedicar-me à minha carreira internacional e à minha família, que vinha sofrendo com a tensão constante. Disse ainda que me preocupava com o futuro da Osesp e que desejava, se assim fosse a vontade do conselho, continuar em contato com a orquestra que eu havia criado, e que me dispunha a reger um certo número de concertos nas temporadas de 2011 a 2015. Pedia uma resposta a esse pedido com alguma brevidade, para poder começar a programar minha vida de maestro, que, como se sabe, necessita de vários anos de antecedência para ser organizada. A resposta a essa carta veio poucos dias depois. Aceitava a minha decisão (o que era perfeitamente esperado), mas dizia que não podia confirmar o meu pedido de continuar em contato com a orquestra a partir de 2011. Que "envidaria todos os esforços", no "momento certo", para que isso acontecesse.

Nesse ínterim, o diretor executivo da fundação havia retornado ao país. Estranhamente não recebi nenhum telefonema ou visita do meu colega. Durante mais de dois meses não houve uma única troca de palavras entre o diretor artístico e o diretor executivo da orquestra. Estávamos necessitados de diversas decisões que não me competiam, e a absoluta falta de contato entre as instâncias estava começando a prejudicar o funcionamento da orquestra.

Pedi uma reunião com o conselho onde pudesse expor o meu receio de que não chegaríamos até o fim da temporada, e que dois anos mais nessa prática cotidiana eram impensáveis. Disse que as contradições e dificuldades estavam se acirrando e que necessitava urgentemente de uma interferência do conselho para apaziguar ânimos e conduzir os trabalhos com eficiência até o final de 2010. Em vão: o conselho reunia-se pouco, as contradições e animosidades eram cada vez mais óbvias, e eu via o horizonte cada vez mais nebuloso.

Uma reunião fora da sala foi marcada com a presença do presidente e alguns poucos conselheiros. Mais uma vez expus com veemência minha teoria de que a sucessão necessitava de um tempo mais longo para que tivesse sucesso. O maestro que me sucedesse necessitava ter algumas características muito especiais, uma dedicação muito concentrada, um conhecimento muito específico. Uma figura assim não se acha em poucos meses. Propus ajudar na escolha do sucessor, desde que tivéssemos tempo para fazê-lo. Minha ideia era continuar à frente da Osesp, com aparições cada vez mais raras até 2012, e começar imediatamente, a partir daquele dia, a procura de alguém adequado. Em 2011 já haveria um sucessor escolhido, que seria introduzido pouco a pouco em suas funções. Desta forma, não sofreríamos solução de continuidade. Pareceu-me, pela reação dos conselheiros, que tínhamos chegado a um acordo.

Algumas semanas após essa reunião recebi uma carta dizendo que nossa relação de trabalho acabaria impreterivelmente em 2010 e não se tocava mais no assunto da sucessão concertada. Também não se mencionava o fato de que eu pudesse continuar regendo a Osesp nas temporadas seguintes, nem de uma relação continuada com o grupo.

Não houve mais contatos, meus e-mails dirigidos ao conselho não eram mais respondidos.

O último concerto do ano seria uma transmissão ao vivo, no dia 31 de dezembro, para toda a comunidade europeia de um concerto de música latino-americana. Seria um acontecimento ímpar na história das orquestras brasileiras. Em oito de dezembro de 2008 foi publicada uma matéria no *Estado de S. Paulo*, na qual eu externava minhas dúvidas sobre a forma de condução do processo sucessório. Minha responsabilidade de diretor artístico e regente titular da Osesp, idealizador do projeto de reestruturação da orquestra e da sala São Paulo, responsável pelo renome internacional que a orquestra havia obtido, entre outras atividades que me haviam consumido totalmente durante os últimos doze anos, sempre respeitoso e fiel a meus empregadores, me obrigavam a chamar a atenção para o que eu considerava um caminho perigoso.

Num dos concertos subsequentes à minha entrevista, um movimento completamente independente do público, sem que eu tivesse a mínima noção do que estava sendo programado, organizou uma manifestação na sala São Paulo, em que a plateia de mil e quinhentas pessoas em peso pedia: "Fica! Fica!", após o fim da apresentação.

Outros oito ou nove concertos se seguiram, sob a minha direção, sem que o conselho se manifestasse de qualquer forma, nem que fosse como ouvinte de um dos eventos.

No dia 31 de dezembro de 2008 regi o concerto de Ano-novo que foi transmitido para mais de duzentos milhões de ouvintes no mundo inteiro. Nossa orquestra estava sendo reconhecida como uma das grandes orquestras do mundo, que levava a mensagem da cultura e da magnífica música brasileira, a partir de São Paulo e de sua impressionante sala de concertos, aos pontos mais distantes, jamais alcançados por um grupo musical clássico brasileiro. Foi o meu último concerto com a Osesp.

Parti para uma temporada de concertos na Europa. Enquanto, mais uma vez, regia Villa-Lobos na Polônia e na Grécia, recebi um e-mail de parcas sete linhas do presidente do conselho informando-me que uma importante decisão havia sido tomada, em face das "gravíssimas" declarações que eu havia feito ao jornal O *Estado de S. Paulo* mês e meio antes. A orquestra estava de recesso, o público desmobilizado durante o verão.

Eu estava despedido. Até hoje não voltei mais à sala São Paulo. Não pude nem ao menos despedir-me dos músicos e dos colegas.

A CARREIRA E O FUTURO

A vida de maestro traz consigo surpresas e perigos com que um jovem regente nem sempre conta. Não é a primeira vez que me encontro subitamente defrontado com a realidade de estar sem uma orquestra. Esse risco está embutido na carreira que escolhemos, e a cada vez que o súbito vazio nos aparece, estamos mais experientes e mais preparados para partir para novas aventuras.

Um grande regente da atualidade afirmou, com toda a razão, que a profissão de maestro é boa antes dos vinte e cinco anos, quando todos são considerados jovens talentosos, dignos de ajuda e apoio, e após os sessenta, quando, de repente, somos considerados velhos e sábios, mais velhos e mais sábios do que a maioria dos músicos que estão tocando na orquestra. Entre os vinte e cinco e os sessenta, a profissão, segundo esse experiente regente, é um inferno.

Espero fazer uso da minha "sabedoria" para poder seguir justamente os conselhos que, durante toda a minha vida de maestro e professor, procurei dar a meus jovens alunos.

A palavra "carreira" instala-se cedo na consciência do jovem músico. Para cada jovem artista essa palavra, ou melhor, esse mito, tem um significado e vai ganhando outros, à medida que amadurecemos. Mais sofisticados e mais complexos. O jovem estudante de música associa necessariamente a noção de carreira ao percurso profissional de uma personalidade admirada, presente no imaginário do seu dia a dia e que serve de impulso no seu empenho em imitá-la. Ninguém começa a estudar música, seja em que instrumento ou matéria for, imaginando um futuro burocrático e enfadonho. Um violinista, quando começa a praticar o seu instrumento, não tem como objetivo maior passar trinta anos de sua vida sentado à quarta estante de uma orquestra, seja ela qual for. Mais tarde na profissão, na grande maioria dos casos, deverá encontrar no trabalho orquestral prazer e gratificação. Para isso será necessário amadurecer humana e musicalmente, e abandonar muitas ilusões e sonhos impossíveis. O objetivo é certamente tocar o grande repertório do seu instrumento para o grande público, nos grandes teatros, ser ovacionado como ídolo, poder usufruir do glamour do sucesso e do triunfo na sua profissão. Poucos escolhidos conseguirão atingir esse objetivo. A grande maioria terá que encontrar a felicidade e a realização pessoal em atividades que passam longe do sonho inicial.

Mais difícil ainda é a carreira dos instrumentos de sopro. No entanto, a consciência *a priori* de que a carreira solo de um trompetista ou trompista, de uma flautista ou oboísta, é uma exceção raríssima na regra geral, faz com que estes e outros instrumentistas se preparem, sobretudo, para a carreira de músico de orquestra. Efetivamente, os poucos grandes solistas que giram o mundo tocando trombone ou fagote saíram das filas das grandes orquestras, e muitas vezes ainda pertencem a elas.

A "carreira" do pianista apresenta dificuldades ainda mais graves. Milhares de brilhantes instrumentistas de piano são lançados a cada ano no mercado esperando conseguir um lugar ao sol, que, porém, só se dignará a iluminar um entre esses tantos. Os outros terão que encontrar meios de ser felizes fazendo música de câmera, uma das atividades mais nobres da execução musical, ou tocando em conjuntos e orquestras, lecionando e se apresentando esporadicamente. A grande maioria terá que se contentar em atuar num espaço geográfico limitado.

Tudo isso, no entanto, não significa que não seja possível a realização completa do músico. Há infinitas maneiras de se realizar musicalmente, e muitas vezes um trabalho retirado e profundo proporciona muito mais alegrias e realizações do que uma carreira de brilho e superficialidade artística.

Acredito que sonhos semelhantes se passem na cabeça daqueles que se propõem a seguir o caminho da regência orquestral. Deve haver, como já disse antes, algo de mítico no fato de estar à frente de um grupo e, com um gesto de comando (ao menos é isso que as pessoas imaginam que seja reger), fazer com que todos, ao mesmo tempo, se ponham a tocar furiosamente uma peça. Para um jovem regente, o caminho é árduo. Não dependemos de nós mesmos ou de um instrumento, como um pianista. Nosso instrumento não está dentro de nós mesmos, como no caso dos cantores, nem pode ser soprado ou esfregado como uma trompa ou um violoncelo. Na verdade nem a batuta, símbolo maior da nossa profissão, é necessária. Muitos maestros preferem reger sem o auxílio desse prolongamento do braço, e usam as mãos com maior ou menor expressividade. Dependemos sempre da disponibilidade (e o que é pior – da boa vontade) de um grupo que pode variar entre quinze e cento e poucos músicos, que na maioria das vezes não nos suporta...

Evidentemente todos sonhamos em reger as míticas orquestras do Ocidente. Aos dezenove anos estamos absolutamente seguros de que em breve estaremos à frente das Filarmônicas de Berlim, Viena e Nova York. Com o passar do tempo constatamos que isso não é tão simples assim. Percebemos o quão difícil é decidir o que fazer e o que dizer, quando temos que lidar com um grupo heterogêneo de músicos, grande parte dos quais encara a obrigação de ensaiar como um mal necessário, um sofrimento do qual há que se livrar o mais rápido possível. E nosso entusiasmo e nossa certeza absoluta na nossa condição de novos "Karajans" vão se esvaindo à medida que nos confrontamos com o cotidiano duro de uma orquestra quase sempre menos perfeita do que as filarmônicas com que havíamos sonhado. Frequentemente o regente vai se tornando um cínico, destrutivo e, muitas vezes, invejoso daqueles que, seja por que for – competência ou sorte (muitas vezes uma combinação das duas) –, estão atuando num patamar que, com o passar do tempo, ele sabe que jamais atingirá. Acabamos quase sempre entendendo que, mais que reger, somos regidos por circunstâncias que fogem ao nosso controle.

Mais sábios são aqueles que, num certo momento da vida, refletem mais profundamente sobre o sentido do "fazer" música, sobre o narcisismo necessário e nefasto que nos leva a querer ser o centro das atenções sem efetivamente produzir um som sequer. Aqueles que superam a certeza, a suprema vaidade de se acharem "responsáveis" pelo sucesso da noite. E ainda aqueles que se defrontam seriamente com a questão da função social das orquestras, com questões de política cultural.

Uma orquestra é um universo fechado, com regras claras. Encontramos paralelos em todas as orquestras do mundo. Vícios e virtudes que precisam ser identificados, combatidos por um lado e desenvolvidos por outro. Nada é mais raro e mais gratificante para um maestro do que poder construir uma orquestra "sua", moldar a sua sonoridade, desenvolver um projeto a partir do zero, pensar em todos os detalhes, as realidades psicológicas envolvidas, a qualidade a ser alcançada, através de um trabalho disciplinado e severo. Perceber as contingências sociais e políticas, encarar as exigências com realismo, batalhar por romper paradigmas de mediocridade, de frustração e de cinismo. Isso não se consegue só com muito dinheiro. Inúmeras vezes ouvi da imprensa, e mesmo de colegas, a afirmação de que se tivessem à disposição o orçamento que o estado de São Paulo reservou e reserva à orquestra do estado, qualquer um teria feito a Osesp. Esquecem-se, porém, que no início esse orçamento era bem menor do que a maioria dos orçamentos atuais das orquestras e teatros brasileiros, sem que por isso surgissem novas Osesps país afora. De que esse orçamento foi aumentando aos poucos, como consequência (e não como causa) do trabalho de implantação de um projeto sério e de qualidade reconhecida pelo público crescente que nos assistia.

O reconhecimento da qualidade da Osesp nos quatro cantos do mundo, e os prêmios com que foi agraciada no Brasil e no exterior com nossos discos e durante nossas turnês não foram uma coincidência ou fruto de um acaso e da sorte. É preciso dar-se conta de que cada passo que dávamos havia sido planejado minuciosamente e que deveria levar a outro passo, igualmente planejado.

Muitas vezes me perguntaram como se explica o sucesso das gravações de música brasileira, ou o Grammy que recebemos pela gravação da "Pastoral" de Beethoven. Como entender os convites para tocar nas grandes salas do EUA e da Europa, o número crescente de assinantes? Esses que indagavam espantados por esses feitos talvez ignorem que num fax, em 1997, endereçado ao secretário de Cultura do estado de São Paulo, o projeto Osesp já vinha todo explicado nos seus mínimos detalhes. A experiência que tive o privilégio de amealhar nos teatros que pude dirigir, em Lisboa, na Suíça, na França ou na Itália, ou nos teatros e orquestras nos quais tive a chance de reger em Viena, Zurique, em outras cidades europeias e nos EUA, a organização e o trabalho administrativo e técnico que pude aprender nessas grandes casas de ópera e orquestras sinfônicas, tudo isso foi o que me proporcionou o cabedal necessário para enfrentar o desafio de criar jurisprudência musical e administrativa no Brasil. Um país onde as orquestras sinfônicas eram encaradas como um luxo descartável, apanágio da burguesia, e por isso mesmo relegadas a uma mediocridade espantosa pelo estado, único mantenedor dessas instituições. Afinal de contas, para os mais afortunados, era possível comprar uma assinatura numa instituição que trazia grandes (e menos grandes) orquestras, a preços proibitivos para a maioria da população...

Foi necessário o surgimento de uma orquestra brasileira comparada aos grandes conjuntos internacionais para que aqueles que antes desdenhavam das orquestras brasileiras passassem a brigar para poder assistir aos seus concertos. E para que a sociedade privada começasse, a princípio timidamente, a investir e a patrocinar suas séries de concertos e atividades paralelas. Em 2008, mais de vinte por cento do orçamento da Osesp proveio de patrocínios privados ou de receita própria, uma realidade impensável anos atrás. Creditar esse trabalho a um golpe de sorte ou à inesperada generosidade do estado é reduzir a história a uma pilhéria.

Tenho me apresentado regularmente à frente de grandes orquestras e grandes teatros. Essa poderia ter sido a minha "carreira". Não teria nada mais a desejar. No entanto, interrompi essa "carreira" para dedicar-me a um projeto, a um sonho, que, se no início parecia impossível, acabou por criar no meu país um público fiel, participativo e sedento por boa música e bons programas. A Osesp conseguiu, ao final de anos (poucos, mas intensos), maravilhar plateias de grandes cidades americanas e europeias, acostumadas a séculos de grande música, demonstrando vigor e alegria, o balanço de uma orquestra nova, jovem e energética. Tiramos do baú empoeirado e do esquecimento criminoso a grande tradição musical brasileira, levando ao nosso público e ao público de todo o mundo Camargo Guarnieri, gênio paulista que faleceu sem ter tido a oportunidade de ver a sua obra bem executada; Villa-Lobos, do qual gravamos a primeira integral dos *Choros*, obra-prima do século, da qual nossos compatriotas só tinham ouvido falar; Francisco Mignone, cujas obras de tão mal tocadas eram irreconhecíveis e nos faziam abandonar as salas quando programadas; Cláudio Santoro, que morreu em Brasília de desgosto com a consciência de sua genialidade e a vivência de uma sociedade que o desprezava; Francisco Braga, grande mestre que lutou toda a sua vida pela instituição de uma vida sinfônica no Rio de Janeiro, maestro/compositor/professor cuja memória se mantém a custo nos bustos empoeirados relegados aos cantos dos conservatórios e teatros.

Trouxemos à vida dezenas de criações de compositores contemporâneos que, sem a perspectiva de ver suas criações executadas, desistiam de compor para orquestra e coro.

A Editora Criadora do Brasil publicou dezenas de obras de compositores nacionais, possibilitando sua execução sem os percalços e dificuldades comuns que impediam que nossos compositores fossem tocados pelas orquestras mundo afora.

A Academia de Música criada dentro da Osesp prepara sistematicamente, pela primeira vez na história de nossa música, profissionais especializados na profissão de músico de orquestra, demonstrando que a vida de integrante de uma grande corporação musical pode ser mais gratificante do que uma vida de solista remediado.

Se eu pudesse oferecer um conselho aos jovens regentes, que, na sua grande maioria, não terão a sorte de tornarem-se os novos "Karajans", para que não vivam uma vida de frustração e inveja, eu o faria instando-os a achar o seu próprio caminho. Que procurem as suas realizações nas suas próprias cidades, nos seus países, dentro de suas sociedades. Que busquem incansavelmente a qualidade, sem concessões.

A qualidade é um conceito relativo, mas dentro de uma realidade dada, é perfeitamente possível determinar-se até onde se pode chegar na busca da perfeição. E uma vez encontrado esse ponto, é preciso buscá-lo, sem tergiversações. Buscá-lo artística, administrativa e politicamente. E quando chegarmos ao limite, quando nos dermos conta de que não é mais possível avançar, que saiamos conscientes de que valeu a pena, prontos para procurar a nova aventura, a realização do próximo sonho.

Este livro foi impresso na Editora JPA Ltda.,
Av. Brasil, 10.600 – Rio de Janeiro – RJ,
para a Editora Rocco Ltda.